▶ Magdalena Jetelová, Iceland Project, 1992

▶ Mehr zu diesem Werk hinten im Buch

Heinrich v. Pierer
Karl Homann
Gertrude Lübbe-Wolff

mit Kerstin Friemel

Zwischen Profit und Moral – Für eine menschliche Wirtschaft

HANSER

Bibliografische Information Der Deutschen Bibliothek
Die Deutsche Bibliothek verzeichnet diese Publikation in der
Deutschen Nationalbibliografie; detaillierte bibliografische
Daten sind im Internet über http://dnb.ddb.de abrufbar.

© 2003 Carl Hanser Verlag München Wien
Internet: http://www.hanser.de
Lektorat: Martin Janik
Textredaktion: Rea Triyandafilidis
Technisches Lektorat: Lisa Hoffmann-Bäuml
Herstellung: Ursula Barche
Umschlaggestaltung: Wolfgang Perez, büro plan. it unter Ver-
wendung einer Fotografie von Jonnie Miles, getty images
Satz: Kösel, Kempten
Druck und Bindung: Friedrich Pustet, Regensburg
Printed in Germany

ISBN 3-446-22460-2

Edition Initiative und Diskurs
Herausgegeben von Beate Hentschel
Eine Schriftenreihe des Siemens Arts Program
Leitung Michael Roßnagl

Band 1

www.siemensartsprogram.com

Inhalt

Zur Edition Initiative und Diskurs

Welche wirtschaftlichen, politischen oder gesellschaftlichen Herausforderungen, welche technologischen oder wissenschaftlichen Innovationen beeinflussen unser Leben? Welche Rolle kann oder wird die Kultur dabei spielen?

Indem ein kultureller Bogen über Themen geschlagen wird, die angeblich jedes für sich in den Zuständigkeitsbereich ganz bestimmter, isolierter Gebiete der Wissenschaft oder Gesellschaft fallen, möchte die mit diesem Band beginnende Reihe dazu anregen, vorgezeichnete Wege des Denkens zu verlassen. Sie möchte zum Meinungsaustausch zusammenführen sowie Anregungen und Lösungen jenseits, aber nicht abseits von BWL und VWL bieten. Die Reihe verfolgt das Ziel, den Blick für Synergien, die zwischen Kultur und Wirtschaft bestehen, zu schärfen. Das meint zum Beispiel Leistungen, die die Kultur für die Wirtschaft erbringen kann; das meint aber auch ganz grundsätzlich, den Wirkungsbeziehungen nachzuspüren, die für den konstruktiven Austausch fruchtbar gemacht werden können.

Die Förderung des Dialogs zwischen den Kulturen und den verschiedenen Kräften der Gesellschaft ist elementarer Bestandteil eines zeitgenössischen Konzepts von Toleranz und Demokratie. Die Reflexion gesellschaftlich wie wirtschaftlich relevanter Themen ist Teil der Arbeit des Siemens Arts Program, das sich der Förderung zeitgenössischer Kunst sowie der innerbetrieblichen Kulturarbeit verschrieben hat. Aus dem Blickwinkel der Kultur werden Phänomene der Gesellschaft untersucht, die der öffentlichen Diskussion zwischen Kultur, Wirtschaft und Wissenschaft bedürfen.

Der Wert eines Dialogs hänge vor allem von der Vielfalt der konkurrierenden Meinungen ab, sagte einmal der Philosoph und Wissenschaftslogiker Karl Popper. Die Reihe versteht sich als innovativer Weg für den transdisziplinären Diskurs, als Forum, das Raum schafft für das Zusammentreffen von „Köpfen aus verschiedenen Welten". In intensiven Gesprächen begegnen sie sich, Meinungen stehen nicht länger unvermittelt und unverbunden nebeneinander. Hier werden Menschen unterschiedlichster Provenienz, verschieden nach Fachgebieten, Arbeitsweisen und Denkstilen, ins Gespräch gebracht und finden, jeder auf seine Weise, in der Auseinandersetzung über ein gemeinsames Thema zusammen.

Hier wird die Initiative ergriffen und der Diskurs geführt.   ■

DR. BEATE HENTSCHEL
Herausgeberin
Siemens Arts Program

Einführung

Globalisierung bedeutet weltweiten Wettbewerb. Verlieren moralische Standards in diesem harten Wettbewerb an Geltungskraft? Kommt die Moral bei der „Jagd nach Profit" immer mehr unter die Räder? Entziehen sich besonders die weltweit tätigen Unternehmen moralischen Bindungen? Oder kann gerade die Globalisierung des Wettbewerbs auch neue Motive für moralisches Verhalten freisetzen und zur Ausbreitung moralischer Standards beitragen?

Solche Fragen werden oft gestellt, und sie sind so wichtig, dass wir uns veranlasst sahen, sie zu diskutieren. Das erste Ergebnis dieser Diskussion waren noch mehr Fragen – Fragen, die wir in den ersten drei Kapiteln dieses Buches zu beantworten versucht haben:

1. Liegt es im betriebswirtschaftlichen Eigeninteresse von Unternehmen, sich moralisch zu verhalten? Können oder müssen Unternehmen eigenverantwortlich einen ideellen Rahmen für Spielräume und Folgen ihres wirtschaftlichen Handelns abstecken, indem sie sich auf klar definierte und nachdrücklich kommunizierte ethische Standards verpflichten? Welche Werte sollten Bestandteil einer Unternehmensmoral werden, und auf welcher Basis ist sie zu fundieren? Sind angesichts weltweit divergie-

render Wertesysteme allgemein verbindliche moralische Standards für global agierende Unternehmen denkbar? Inwiefern kann der moralsensible
Umgang mit materiellen Zielen und immateriellen
Ressourcen in den Wertschöpfungsprozess eines
Unternehmens einfließen und messbar den Unternehmenswert steigern?

2. Was ist Moral eigentlich? Wie bilden sich moralische Standards? Stimmt es, dass wir gegenwärtig einen Verfall der Werte beobachten? Kann man von
Teilnehmern am Wirtschaftsprozess, die Gewinne
erwirtschaften müssen, ohne weiteres Moralität im
Sinne der Lehre Immanuel Kants erwarten – also
ein allein durch Pflicht bestimmtes individuelles
Handeln? Brauchen wir anderes und mehr als Appelle an das individuelle Pflichtgefühl, nämlich eine
neue Ethik, die Eigeninteressen berücksichtigt,
gutheißt und mit den Interessen der Allgemeinheit
optimal zu verbinden sucht? Wie ließe sich eine
solche Ethik gestalten?

3. Sind rechtliche Rahmenbedingungen notwendig,
um moralisches Verhalten zu unterstützen? Muss
ein guter Gesetzgeber schlechte Menschen voraus-
setzen? Wie lassen sich Eigeninteressen für die
rechtliche Durchsetzung moralischer Standards
mobilisieren? Haben Recht und Moral eine Chance, wenn unethisches Verhalten – wie zum Beispiel
Korruption in Staat und Wirtschaft – international
auftritt, rechtliche Regelungskompetenzen aber bei
den einzelnen Staaten angesiedelt sind? Machen
rechtliche Regelungen individuelle Moral überflüssig?

Den Abschluss unserer Beschäftigung mit der Frage, in welchem Verhältnis Profit und Moral heute stehen, bildete ein gemeinsames Gespräch am runden Tisch, das im letzten Kapitel dieses Bandes wiedergegeben ist.

Die Wirtschaftsjournalistin Kerstin Friemel hat unsere Diskussion koordiniert, moderiert und mit Anregungen für die entstandenen Texte begleitet. Dafür möchten wir ihr herzlich danken. Dr. Beate Hentschel vom Siemens Arts Program, die die Edition Initiative und Diskurs und diesen ersten Band konzipiert hat und betreut, danken wir sehr für die Initiative und das Diskursmanagement.

PROF. DR. DR. KARL HOMANN
Lehrstuhl für Philosophie und Ökonomik
Ludwig-Maximilians-Universität München

PROF. DR. GERTRUDE LÜBBE-WOLFF
Richterin des Bundesverfassungsgerichts

DR. HEINRICH V. PIERER
Vorsitzender des Vorstands der Siemens AG

Heinrich v. Pierer

Zwischen Profit und Moral?

Die Erfahrung lehrt und die Statistiken bestätigen es:
Nur ganz wenige Unternehmen werden alt, bleiben
über mehr als 20 Jahre erfolgreich, schaffen den Wech-
sel vom Personenunternehmen zur Kapitalgesellschaft
oder den Übergang von der Gründergeneration auf
Nachfolger. Siemens ist über 150 Jahre alt und gehört
damit zu der vergleichsweise geringen Zahl derer, denen dies gelungen ist. Uns hat deshalb die Frage, welche Faktoren nachhaltigen Erfolg bewirken, immer
wieder interessiert.

Dabei haben sich fünf wesentliche Erfolgsparame-
ter herauskristallisiert: erstens der unbändige Wille,
Innovationen hervorzubringen; zweitens echte Globa-
lität, die das Unternehmen rund um den Erdball mit
eigener Wertschöpfung vor Ort fest verankert und die
Vorteile der unterschiedlichen Standorte voll aus-
schöpft; drittens eine solide Finanzkraft auf der Basis
eines transparenten und konservativen Finanzmanage-
ments, oder, anders ausgedrückt, Profitabilität auf der
Basis von Solidität; viertens das Bekenntnis zu gesell-
schaftlicher Verantwortung überall dort, wo unsere
Mitarbeiterinnen und Mitarbeiter im Einsatz sind.
Und fünftens – quasi als Klammer um die übrigen vier
Faktoren – die Bindung allen Handelns im Unternehmen an übergeordnete, zeitlos gültige Werte wie Ehr-

lichkeit, Verlässlichkeit, Fürsorge, Fleiß und Respekt voreinander.

„Zwischen Profit und Moral": Der Titel dieses Buches lässt ein Spannungsverhältnis zwischen Wirtschaft und Ethik vermuten – Profit zulasten der Moral oder umgekehrt? Solche Vorstellungen werden immer wieder geäußert. Meiner Ansicht nach treffen sie aber nicht zu. Profit und Moral müssen im Zusammenhang gesehen werden, und sie schließen sich nicht gegenseitig aus. Für dauerhaft erfolgreiche Unternehmen ist das eine so bedeutsam wie das andere. Wer die Profitabilität vernachlässigt, der gefährdet das Unternehmen. Und wer Werte und Moral in seinem Verhalten und Handeln gering schätzt, auch der untergräbt die Fundamente erfolgreichen Wirtschaftens. Für beides gäbe es genug Beispiele. Mir geht es hier aber nicht um die Konsequenzen einer mangelnden Beachtung dieses wichtigen Zusammenhangs, sondern darum, vor dem konkreten Hintergrund meiner persönlichen Erfahrungswelt bei Siemens darzulegen, worauf es ankommt, um beidem ausgewogen und angemessen gerecht zu werden.

Nachhaltigen Erfolg wird es nur bei guter und anhaltender Profitabilität geben. Denn nur ein profitables Unternehmen kann in die Zukunft investieren. Nur ein profitables Unternehmen genießt das Vertrauen von Kunden, Geschäftspartnern, Investoren und Mitarbeitern und bietet ihnen die Sicherheit einer Zusammenarbeit auf Dauer. Und nur ein profitables Unternehmen kann eine positive Rolle in der Gesellschaft spielen.

Das gilt erst recht im Zeitalter der Globalisierung. Nationale Märkte wachsen zu einem einheitlichen

Weltmarkt zusammen, in dem sich global agierende Unternehmen einen harten Wettbewerb liefern. Riesige Mengen an Kapital werden binnen kürzester Zeit hin und her transferiert und dort investiert, wo man die höchste Wertsteigerung vermutet. Entwicklungs- und Produktionszeiten werden immer kürzer. Ein technischer Vorsprung, der früher vielleicht jahrzehntelang den Erfolg eines Unternehmens garantierte, kann heute praktisch über Nacht wieder verloren gehen. „Speed" ist eine der hervorstechendsten Eigenschaften der Globalisierung.

Globalisierung und Moraldiskussion

Die von der Globalisierung hervorgerufenen Veränderungen haben bei vielen Menschen tiefe Verunsicherung ausgelöst. Das Zusammenwachsen der Märkte hat die Menschen einander nicht überall immer näher gebracht, sondern in manchen Fragen sogar neue Gräben aufgerissen. Bei denen, die von den negativen Auswirkungen des Strukturwandels betroffen sind, hat sich ein Gefühl der Benachteiligung breit gemacht. Und sie empfinden die Globalisierung oft als ungerecht, undemokratisch, unsozial oder gar ausbeuterisch. Befürworter der Globalisierung hingegen sehen in ihr eine Entwicklung, bei der die Chancen und Vorteile für alle Beteiligten bei weitem überwiegen.

Zutreffend ist sicherlich, dass sich der regulative Einfluss der einzelnen Staaten auf die Unternehmen im Zuge der Globalisierung verringert hat. Und das internationale Netz an Verhaltensnormen ist weniger eng gestrickt als nationale Regelungen. Das gibt „Global Playern" einerseits mehr Gestaltungsspielraum, andererseits aber auch mehr Verantwortung, sich selbst ethische Verhaltensregeln zu setzen. Neben national, religiös oder kulturell geprägten Moralvorstellungen bilden Global Player so ihre eigene Unternehmenskultur aus. Auf der Basis dieser Unternehmenskultur entwickelt die multikulturelle Community Hunderttausender von Angehörigen eines Unternehmens rund um die Welt ihre eigene Identität, die das Unternehmen prägt, zusammenhält und unverwechselbar und erfolgreich macht.

Leider ist in der öffentlichen Wahrnehmung der Eindruck entstanden, die auf Shareholder Value getrimmte Welt der Manager führe zum Verlust tradierter Werte. Gefördert wurde dieser Eindruck durch die bekannten Fälle, in denen das persönliche Einkommen einzelner Manager – abhängig von der Performance ihrer Unternehmen – extreme Größenordnungen erreichte. Wenige zweifelhafte Fälle sollten – so bedauerlich sie sind – allerdings nicht den Blick dafür trüben, dass die Entgeltsysteme für die Vergütung des Managements und die konkrete Höhe von Bezügen bei der weit überwiegenden Anzahl von Unternehmen nicht jenseits von Gut und Böse liegen, sondern angemessen sind.

Gehörig in Misskredit geraten ist der Ruf von Kapitalgesellschaften allerdings in jüngster Zeit durch Finanzskandale und Bilanzfälschungen. Prominente Fälle haben Medien und Öffentlichkeit monatelang in Atem gehalten und zu Recht erhebliches Aufsehen und Empörung erregt. Einzelne Unternehmen wurden durch kriminelles Verhalten Verantwortlicher in ihrer Existenz gefährdet oder sogar vernichtet. Ich bin zwar sicher, dass wir es hier nicht mit einer systembedingten, breiten moralischen „Erosion" zu tun haben. Aber auch wenn es nur eine geringe Zahl von Managern ist, denen eklatantes Fehlverhalten vorgeworfen werden muss, so ist letztlich doch generell die Integrität von Managern beschädigt worden.

„Restoring trust", also die Wiederherstellung des Vertrauens in ein Wirtschaftssystem, dessen Spielregeln akzeptiert und eingehalten werden, ist das Gebot der Stunde. Das erfordert größtmögliche Transparenz sowie wirkungsvolle Kontrollmechanismen. Die Diskussion um die Weiterentwicklung der Systeme der Unternehmensführung und Unternehmenskontrolle ist deshalb folgerichtig. „Corporate Governance" muss allen Beteiligten ein wichtiges Anliegen sein.

„Lügen haben kurze Beine"

Warum sollte ein Unternehmen oder die Wirtschaft als Ganzes überhaupt moralisch handeln? „Moral predigen ist leicht, Moral begründen schwer" – das beklagte schon Arthur Schopenhauer. Ich bin kein Philosoph, sondern Praktiker. Und deshalb habe ich auf diese Frage zunächst auch nur ganz pragmatische Antworten. Ein Unternehmen sollte ganz einfach deshalb moralisch handeln, weil sich unmoralisches Handeln nicht lohnt! Oder, um es wiederum in Anlehnung an den Titel dieses Buches zu sagen: Wer die Moral vernachlässigt, der schadet in der Konsequenz auch der Profitabilität. Das mag nicht für jede Verlockung gelten, irgendwo einen schnellen Euro oder Dollar zu machen. Es gilt aber allemal, wenn nicht schnell verdientes Geld, sondern dauerhafter wirtschaftlicher Erfolg und die dauerhafte Existenz des Unternehmens angestrebt werden.

Denn Täuschung, Betrug und Korruption lassen sich auf Dauer nicht verbergen. Und wenn solche unrechtmäßigen Verhaltensweisen aufkommen, dann schadet das – unabhängig vom Strafmaß – der Reputation. Dies wiederum kann letztlich zu einem immensen wirtschaftlichen Schaden führen. Bereits dieser einfache Zusammenhang zeigt, dass Moral und Profit nicht im Widerspruch zueinander stehen.

Oder aus einem anderen Blickwinkel: In den letzten Jahren haben sich immer mehr Umweltschutzverbände und andere Nichtregierungsorganisationen (NGOs) formiert und betreiben heute eine professionelle und effektive Öffentlichkeitsarbeit. Zu dieser Professionalität gehört auch die Instrumentalisierung von Unternehmen mit „großen" Namen für die Anliegen und Ziele dieser Organisationen. Je bekannter ein Unternehmen, desto mehr Aufmerksamkeit lässt sich öffentlich erringen, indem dessen Verhaltensweisen angeprangert werden. Große Marken- und Firmennamen sind daher – ob im Einzelfall zu Recht oder zu Unrecht – besonders geeignete Ziele für Negativ-PR. Und auch das kann sich dann wirtschaftlich negativ auswirken.

Wir bei Siemens haben in Bezug auf NGOs keine Berührungsängste. Im Gegenteil, wir sind für jeden gesprächsoffen, der seinerseits dialogbereit ist. Natürlich gibt es Themen, bei denen es schwierig oder sogar von vornherein ausgeschlossen ist, dass wir zu einer gemeinsamen Sicht der Dinge kommen, zum Beispiel die Frage der zivilen Nutzung der Kernenergie. Und ähnlich schwierig verhält es sich bei Themen wie Klimaschutz, Erderwärmung oder Gentechnologie. Wahrscheinlich ließe sich die Liste der Streitthemen noch weiter fortführen. In diesen Fällen geht es dann letztlich nur um eine möglichst sachlich geprägte Diskussion, die den Spielregeln einer fairen Auseinandersetzung folgt und so vielleicht auf längere Sicht Verständnis und Einsicht wachsen lässt. Es gibt aber durchaus auch Themen, bei denen die Diskussion mit NGOs zur Annäherung von Standpunkten führt. Und in jedem Fall gilt, dass die Bereitschaft zum Dialog klüger und angemessener ist, als zu mauern oder anderen die kalte Schulter zu zeigen. Auch der Umgang mit NGOs hat also etwas mit Reputation zu tun. Richtig betrieben, stärkt er die Reputation eines Unternehmens, falsch betrieben, belastet er sie.

Beide Argumente für moralisches Handeln – „Lügen haben kurze Beine" und „Werde nicht zur Zielscheibe von Negativ-PR" – sind scheinbar vordergründig, aber sie setzen bei den Entscheidungsträgern in einem Unternehmen ein Empfinden für Werte und einen Wertmaßstab voraus.

Wir erleben seit einigen Jahren eine Renaissance der Wertediskussion. „Werte geben Halt!", heißt ein wiederentdeckter Leitsatz der Pädagogik. Wir bei Siemens sehen uns in unserer langen Tradition mit dieser Sichtweise bestätigt.

Werte sind ein Stabilitätsfaktor für Unternehmen. Moralische Leitlinien beziehungsweise ein Ethik-Kodex, wie ihn etwa Siemens in den „Business Conduct Guidelines" festgeschrieben hat, prägen den Charakter eines Unternehmens, geben den Führungskräften und allen Mitarbeitern Handlungsorientierung und sichern ein weltweit einheitliches seriöses Erscheinungsbild. Ethische Leitlinien, die den handelnden Personen eines Global Players weltweit verbindlich vorgegeben werden, sorgen für einen guten Ruf und tragen damit indirekt dazu bei, den Unternehmenswert zu steigern.

Auch daran zeigt sich: Moral und Profit sind kein Gegensatz. Im Gegenteil: Moralisches Handeln bringt langfristig Vorteile. Ganz ähnlich steht es um das Verhältnis von Wirtschaft und Gesellschaft: Ein Unternehmen, das wie Siemens mehr als 400.000 Beschäftigte in 190 Ländern und Millionen von Kunden hat, kann nicht an der Gesellschaft vorbeioperieren, sondern ist vielmehr ein Teil der Gesellschaft. Es hat die Pflicht, als „Corporate Citizen" gesellschaftliche Verantwortung zu übernehmen. Denn nur ein Unternehmen, das in der Gesellschaft seinen angemessenen Beitrag leistet, kann Sympathie und Wertschätzung erringen. Und Akzeptanz in der Gesellschaft – für einen Global Player heißt das größtmögliche Akzeptanz in allen Ländern, in denen er tätig ist – ist Voraussetzung für nachhaltigen wirtschaftlichen Erfolg.

Moralische Werte in der Firmentradition finden

Ethische Grundwerte sind die Basis für moralisches Handeln.

Aber welche Werte sind nun brauchbar in einer globalisierten Wirtschaftswelt? Wie kann das einzelne Unternehmen solche Werte finden, um daraus ein

Leitbild zu formulieren, das ethische Standards setzt für alle Länder, in denen es tätig ist?

Zuallererst findet es solche Werte bei sich selbst, in der eigenen Firmentradition. Siemens pflegt seit der Unternehmensgründung vor mehr als 150 Jahren sowohl ökonomische Tugenden als auch ethische Werte – ökonomische Tugenden wie Leistungsbewusstsein, finanzielle Solidität, harte Arbeit, Freude an der Innovation und Qualitätsbewusstsein, ethische Werte wie Treue, Ehrlichkeit, Pflichtbewusstsein, Verlässlichkeit, Vertrauen, Respekt im Umgang miteinander sowie Fürsorge und Mitgefühl füreinander. Das Unternehmen hat diese Werte niemals dem – oft schnell wechselnden – Zeitgeist geopfert.

Im Jahr 1884 schrieb der Firmengründer Werner von Siemens seinem Bruder Carl: „Für augenblicklichen Gewinn verkaufe ich die Zukunft nicht!" Damit hat er ein Postulat formuliert, das noch heute der Wertmaßstab Nummer eins für Siemens ist: das Postulat des nachhaltigen Wirtschaftens, also einer umsichtigen Unternehmensführung, die auf dauerhaften Erfolg angelegt ist. In unseren Tagen heißt nachhaltiges Wirtschaften nicht nur, ökonomisch nachhaltig zu handeln, sondern auch, Ökonomie mit gesellschaftlichen und ökologischen Zielen in Einklang zu bringen, um die Lebensgrundlagen der nächsten Generationen zu sichern.

Allerdings muss man dafür sorgen, dass das Streben nach langfristigem Erfolg nicht als Ausrede für nicht vorhandenen kurzfristigen Erfolg missbraucht wird. Wenn „Speed" eines der Kennzeichen der Globalisierung ist, dann lassen sich Investoren natürlich nicht damit trösten, dass die augenblicklichen Maßnahmen irgendwann einmal in der Zukunft Früchte tragen werden. Auch dies ist aber letztlich ein Scheingegensatz. Denn ein gut geführtes und kontinuierlich arbeitendes Unternehmen kann es durchaus schaffen, gute Quartalsergebnisse vorzulegen, ohne zum Beispiel bei den Forschungs- und Entwicklungsanstrengungen Abstriche zu machen. Dass der Ressourceneinsatz dem konjunkturellen Auf und Ab angepasst werden muss und sich zumindest bei strukturellen Marktveränderungen auch die Anzahl von Arbeitsplätzen in die eine wie in die andere Richtung ändern kann, steht dem nicht entgegen.

Es gibt Kritiker, die davor warnen, auf die wirtschaftliche Dominanz der westlichen Welt nun eine Hegemonie der westlichen Werte und Moralvorstellungen folgen zu lassen. Da mag etwas dran sein. Aber aus der praktischen Erfahrung in einem globalen Unternehmen heraus kann ich dazu nur sagen: Siemens ist ein „Multikulti". Der Respekt vor der Kultur und den Traditionen jedes Landes ist ein fester Bestandteil unserer Führungsphilosophie. Dennoch vermitteln wir auch seit jeher über alle Kulturgrenzen hinweg gemeinsame Werte. Diesen Werten sind unsere Mitarbeiter überall auf der Welt verpflichtet. Sie finden aber auch in allen Ländern Anklang, in denen das Unternehmen tätig ist. In China zum Beispiel wird ausdrücklich betont, dass Tugenden wie Fleiß, Ausdauer, Ehrlichkeit, Verlässlichkeit und Qualitätsbewusstsein wesentliche Faktoren für die Anerkennung und den Erfolg der deutschen Unternehmen in dieser Region seien.

Werte wie Toleranz, Solidarität, Mitmenschlichkeit, Freiheit, Gerechtigkeit und Chancengleichheit sind die Fundamente unserer europäischen Kultur. Sie prägten die Ideen, die zur Weiterentwicklung unseres Wirtschaftssystems geführt haben – ein Wirtschaftssystem, das von der Annahme ausgeht, dass wirtschaftliches Handeln dem Wohle möglichst vieler Menschen in der Gesellschaft dienen soll. Diese Werte können auch eine starke Basis sein für eine weltweite – nicht nur wirtschaftliche – Moral. Die gleichen Werte – wenn auch mit unterschiedlicher Ausprägung und Gewichtung – kann man praktisch in allen Kulturen wiederfinden. Es geht also nicht um Werteexport, sondern um Wertesymbiose.

Wertvorstellungen internationaler Institutionen

Es gibt eine ganze Reihe von Empfehlungen und Abkommen internationaler Organisationen, die auf einem breiten, weltweiten Konsens basieren. Sie stellen eine bedeutende ethische Leitlinie für alle global agierenden Unternehmen dar, die in Ländern und Kulturkreisen mit teilweise stark voneinander abweichenden rechtlichen und gesellschaftlichen Rahmenbedingungen tätig sind. Das gilt für die Menschenrechtscharta der Vereinten Nationen ebenso wie für die Grundsatzerklärungen der Internationalen Arbeitsorganisation ILO und für die Leitsätze der OECD für multinationale Konzerne. Und das gilt auch für die Agenda 21, das Aktionsprogramm zur Regelung der nachhaltigen Nutzung der natürlichen Ressourcen, das auf der UN-Konferenz für Umwelt und Entwicklung in Rio de Janeiro 1992 beschlossen wurde.

Dennoch werden Fragen der Wirtschaftsmoral nach wie vor kontrovers diskutiert. Deshalb ist es für jedes Unternehmen, das sich Gedanken über seine ethischen Grundsätze macht, unabdingbar, im Dialog zu bleiben mit Vertretern anderer Unternehmen, mit der Wissenschaft, der Politik, den Kirchen und anderen Religionsgemeinschaften und gesellschaftlichen Verbänden. Eine Plattform für diesen Dialog bieten in Deutschland zum Beispiel das Forum Nachhaltige Entwicklung (econsense) und das Deutsche Netzwerk Wirtschaftsethik (DNWE). Im internationalen Raum zählt das European Business Ethics Network (EBEN) dazu. Und auch die jährlichen Tagungen des World Economic Forum in Davos werden intensiv für diese Diskussionen genutzt.

Dialog bedeutet auch, mit Kritikern im Gespräch zu bleiben. Ihre Sorgen und Ängste müssen ernst genommen werden. Zu ihnen gehören die Globalisierungskritiker ebenso wie Umwelt- und Menschenrechtsverbände oder Transparency International, eine NGO, die weltweit tätig ist mit dem Ziel, die Korruption zu bekämpfen. Wenn dieser Dialog sachlich und konstruktiv, also nicht ideologisch geführt wird, wenn jede Seite den jeweils anderen Standpunkt zu verstehen versucht und vernünftig argumentiert, dann kann das dazu beitragen, ein möglichst weit gehendes gemeinsames Verständnis für ethisches Handeln in einer globalen Welt zu finden.

Im Dialog zu bleiben, das bedeutet schließlich auch, den „Dialog nach innen" zu führen, also den mit den Mitarbeiterinnen und Mitarbeitern des Unternehmens. So hat Siemens anlässlich seines 150-jährigen Bestehens eine Umfrage bei seinen Beschäftigten in den unterschiedlichen Kulturkreisen durchgeführt. Ergebnis: Es gibt gemeinsame Wertvorstellungen, die alle Mitarbeiter weltweit teilen. Dazu gehört neben ökonomischen Tugenden wie Kundenorientierung und Streben nach Erfolg auch die Überzeugung, dass das Unternehmen als „Good Corporate Citizen" gesellschaftliche Verantwortung im jeweiligen Land zu übernehmen hat. Auf dem Ergebnis dieser Umfrage basiert das Unternehmensleitbild des Hauses.

Auf die Umsetzung kommt es an: Verantwortung übernehmen

Wie kann nun ein Global Player seiner Verpflichtung zu „Good Corporate Citizenship" im Unternehmensalltag nachkommen? Und wie kann er die ethischen Vorgaben seines Unternehmensleitbildes in der Praxis umsetzen?

Zuallererst geht es darum, dafür zu sorgen, dass Recht und Gesetz im jeweiligen Land geachtet werden. Ein fairer Wettbewerb setzt die Einhaltung des Wettbewerbs- und Kartellrechts voraus. Und das gilt auch für das absolute Verbot jeder Form der Korruption. Wird gegen dieses Postulat verstoßen, muss das Unternehmen zu einer lückenlosen Aufklärung beitragen und gegen die betreffenden Personen selbst disziplinarisch vorgehen. Denn hier geht es keinesfalls um Kavaliersdelikte, die man augenzwinkernd dulden könnte.

Unternehmen haben in vielerlei Hinsicht Verantwortung: gegenüber den Kunden, Lieferanten, Geschäftspartnern, gegenüber den Mitarbeitern und gegenüber den Investoren. Letzteres – so könnte man meinen – sei in Zeiten, in denen so viel von Shareholder Value die Rede ist, eine Selbstverständlichkeit. Seit den unfassbaren Auswüchsen und Skandalen um gefälschte Bilanzen in den vergangenen Jahren verdient dieser Punkt aber besondere Aufmerksamkeit. Geschädigt wurden Tausende von Shareholdern, darunter auch zahlreiche Mitarbeiter, die über Aktien oder Aktienoptionen ihre Altersvorsorge absichern wollten und die durch den Untergang ihrer Unternehmen eines substanziellen Teils ihres Alterseinkommens beraubt wurden – ein Vorgang, der in dieser Tragweite in Deutschland durch entsprechende unternehmensübergreifende Sicherungssysteme zwar ausgeschlossen ist, anderswo aber durchaus vorkommen kann.

Verantwortung gegenüber den Kapitaleignern bedeutet nicht nur die nachhaltige Steigerung des Unternehmenswertes, sondern beinhaltet auch eine verlässliche und verantwortungsvolle Unternehmensführung. Das erfordert die Achtung und den Schutz der Aktionärsrechte, die Einhaltung nationaler und internationaler Corporate-Governance-Regeln und größtmögliche Transparenz. Für große und sehr weit gespannte Unternehmen gehört dazu auch eine saubere Segmentberichterstattung, in der die operativen Einheiten eines Unternehmens mit all ihren Ressourcen so dargestellt werden, wie sie am Markt agieren, und nicht versucht wird, die Lage durch Scheingeschäfte oder andere „Tricks" zu verschleiern. In Unternehmen, die seit jeher die Kultur einer konservativen Bilanzierung pflegen, ist eine an den operativen Einheiten ausgerichtete Rechnungslegung selbstverständlich. Eine solche Kultur bietet daher gute Voraussetzungen für eine nachvollziehbare und aussagekräftige Bilanzierungspraxis und Finanzpublizität. Aber man trifft auch immer wieder auf Gegenbeispiele, in denen der Informationsgehalt veröffentlichter Bilanzen diese Qualität nicht erreicht.

Bilanzwahrheit und Bilanzklarheit – wie sie in den „Grundsätzen ordnungsmäßiger Buchführung" im deutschen Handelsrecht gefordert werden – sind nicht nur notwendig, um der Verantwortung gegenüber den Kapitaleignern gerecht zu werden. Sie sind auch erforderlich im Hinblick auf alle Zielgruppen, denen am Erfolg und Erhalt des Unternehmens liegt. Das sind zuallererst die Mitarbeiterinnen und Mitarbeiter. Sie sind mit ihrer Arbeit die tragenden Säulen des Unternehmenserfolgs. Die Sicherheit ihrer Arbeitsplätze hängt aber auch von der Ertragskraft und der Solidität der Finanzen und der gesamten Unternehmensführung ab. Klar ist deshalb, dass Shareholder Value und die Orientierung an den Interessen der Mitarbeiter letztlich zwei Seiten derselben Medaille sind. Läuft ein Unternehmen gut und zeichnet es sich durch Finanzkraft, Innovationsdynamik und Ertragsstärke aus, so kommt dies Mitarbeitern wie Anteilseignern zugute. Eigentlich ist dies eine Selbstverständlichkeit. In der Aufgeregtheit mancher Diskussion und mitunter auch im Verhalten Verantwortlicher kommt dieser Zusammenhang gleichwohl nicht immer angemessen zum Ausdruck.

Zur Verantwortung gegenüber den Mitarbeitern und der Gesellschaft zählen auch eine solide Aus- und Weiterbildung. Auf den ersten Blick hat das vielleicht nichts mit Moral zu tun. Denn gut ausgebildete Mitar-

beiter, die ihre Kompetenzen ständig weiterentwi-
ckeln können, sind ja die Grundlage für den Unter-
nehmenserfolg. Dennoch: Aus- und Weiterbildung
sind ein Dienst am Einzelnen, der ihm auch dann hilft,
wenn er im eigenen Unternehmen aus Gründen struk-
tureller Marktveränderungen seinen Arbeitsplatz
verliert. „Employability", also die Fähigkeit, seine
Kompetenz erfolgreich auch außerhalb des eigenen
Unternehmens anzubieten und sich am Arbeitsmarkt
zu behaupten, ist ein hoher Wert – gerade in Zeiten
rascher und umfassender Strukturveränderungen ganzer Unternehmen, Märkte und Branchen. Damit sind
Aus- und Weiterbildung nicht nur eine Investition des
Einzelnen in seine persönliche Zukunft und von Unternehmen in ihre längerfristige Existenz, sondern
auch ein Dienst an der Gesellschaft. Besonders deutlich wird dieser Beitrag zur gesellschaftlichen Stabilität auch überall da, wo Unternehmen über den eigenen Bedarf hinaus ausbilden und so jungen Menschen
zumindest schon einmal Möglichkeiten bieten, die Basis für einen qualifizierten Beruf zu schaffen. Das stei-
gert gerade unter schwierigen gesamtwirtschaftlichen
Rahmenbedingungen die individuellen Chancen auf
einen erfolgreichen Eintritt ins Erwerbsleben.

Ähnlich verhält es sich mit der Fähigkeit und
Bereitschaft global agierender Unternehmen zum
Technologietransfer. Durch den Aufbau von Ent-
wicklungs- und Fertigungsstätten vor Ort und die
Schulung der lokalen Mitarbeiter im Umgang
mit modernen Techniken können Weltunternehmen
Schwellenländern helfen, wirtschaftliche Defizite aus-
zugleichen, und sie näher an die entwickelten Länder
heranführen. Gleiches gilt für die Zusammenarbeit mit

Schulen und Hochschulen. Diesem positiven Aspekt wird in der Auseinandersetzung um die Globalisierung leider zu wenig Beachtung geschenkt – auch vonseiten der staatlichen Entwicklungshilfe. Denn hier besteht ein weites und zu wenig genutztes Feld, im Rahmen von Public-Private-Partnership segensreich zu wirken und im besten Wortsinn nachhaltig Chancen für die Bevölkerungen unterentwickelter Länder zu eröffnen, ihre Lebensverhältnisse zu verbessern.

Verantwortung zu übernehmen gegenüber den Menschen, die für ein Unternehmen arbeiten, verlangt auch, dass Sorge getragen wird für Gesundheit und Sicherheit am Arbeitsplatz. In den entwickelten Ländern ist das längst zur Selbstverständlichkeit geworden. In Schwellen- und Dritte-Welt-Ländern hingegen liegen die sozialen und arbeitsrechtlichen Anforderungen und vor allem die Realität zum Teil noch weit unter dem Niveau der Industrieländer. Hier können global präsente Unternehmen als Vorbilder einen positiven Einfluss ausüben.

Das gilt auch für die Einhaltung der Menschenrechte und den Schutz der persönlichen Würde der Mitarbeiterinnen und Mitarbeiter. Über die enge Zusammenarbeit mit lokalen Zulieferern und Geschäftspartnern kann der Einflussbereich über das eigene Unternehmen hinaus erweitert werden.

Zum Schutz der persönlichen Würde gehört es, innerhalb des Unternehmens keine Diskriminierung von ethnischen Gruppen zuzulassen. Ein Global Player wie Siemens ist ein „Multikulti", in dem Menschen aus praktisch allen Ländern rund um den Globus zu Hause sind. Wir verstehen uns als ein weltweites Netzwerk, in dem das Aufeinandertreffen und

Zusammenarbeiten verschiedener Kulturen zum Alltag gehören. Da wäre eine Benachteiligung aufgrund der Kultur, der Nationalität, der Religion oder der Hautfarbe ein Widerspruch in sich. Toleranz und Respekt im Umgang mit anderen gehören zu unserem Leitbild. Wir sehen in der „Diversity" – also in der Vielfalt und Andersartigkeit – keine Bedrohung, sondern verstehen sie ganz im Gegenteil als Anregung und Bereicherung. Die Vielfalt unterschiedlichster Talente ist auch unter wirtschaftlichen Gesichtspunkten ein wesentlicher Erfolgsfaktor des Unternehmens. Denn sie erlaubt, das Beste aller Länder, Kontinente und Kulturen unter dem Dach eines Global Players zu vereinen und zur vollen Entfaltung zu bringen.

Die berufliche Chancengleichheit für Frauen und Männer ist in der westlichen Kultur zur Selbstverständlichkeit geworden, auch wenn Frauen in Führungspositionen noch in der Minderzahl sind. In vielen Ländern sind die beruflichen Möglichkeiten für Frauen jedoch beschränkt. Das liegt zum Teil an der fehlenden Schulbildung, zum Teil aber auch an ideologischen Dogmen. Unternehmen können Beiträge zur Verbesserung der Chancen von Frauen im Berufsleben leisten, sogar in Kulturen, die Frauen aufgrund jahrhundertealter Traditionen weit gehend vom Wirtschaftsleben fern halten. Das zeigt Siemens zum Beispiel in Pakistan. Dort arbeiten unsere Mitarbeiterinnen und Mitarbeiter in einer vorurteilsfreien Atmosphäre gleichberechtigt zusammen und haben auch die gleichen beruflichen Aufstiegschancen. Wir kooperieren dort außerdem mit verschiedenen Organisationen, deren Ziel es ist, über eine verbesserte Ausbildung der Frauen die Armut zu bekämpfen.

Wesentlicher Bestandteil nachhaltigen wirtschaftlichen Handelns ebenso wie eines verantwortungsvollen „Corporate Citizenship" ist der Umweltschutz. Bei einem Technologieunternehmen wie Siemens kommt die ökologische Verantwortung auf zwei Ebenen zum Tragen. Zum einen achten wir bei unseren Fertigungen auf Umweltverträglichkeit, zum Beispiel durch sparsamen Umgang mit Energie und Wasser und durch möglichst geringe Emissionen. Zum anderen entwickeln wir innovative Produkte und Lösungen, die bei unseren Kunden Umweltbelastungen verringern. In diesen Fällen ist technischer Fortschritt ein Beitrag zum gesellschaftlichen Fortschritt und zugleich ein Beitrag zur Schaffung einer lebenswerten Zukunft.

Umgang mit Konflikten

Jedes Unternehmen kennt Grenzfälle, in denen es zu einem Konflikt zwischen Moral und wirtschaftlichem Erfolg kommen kann. So ein moralisches Dilemma ist zum Beispiel die Frage, ob man auch in Ländern tätig sein darf, die den internationalen Maßstäben im Umgang mit den Menschenrechten nicht genügen. Diese Debatte wird oft mit großer moralischer Entrüstung geführt. Nur: Entrüstung allein hilft noch keinem Menschen in Ländern mit einer unbefriedigenden Menschenrechtslage.

China zum Beispiel war in diesem Zusammenhang noch vor wenigen Jahren ein Dauerthema. Sicherlich trifft es zu, dass die Menschenrechtslage dort trotz der positiven Entwicklung der vergangenen Jahre weiter verbesserungsfähig ist. Andererseits können Unternehmen nur dann einen Beitrag leisten, die Dinge in die richtige Richtung zu bewegen, wenn sie vor Ort am Wirtschaftsleben teilnehmen. Anstatt aus der Ferne zu lamentieren und darauf zu warten, dass sich der Demokratisierungsprozess, die Rechtsstaatlichkeit und die Menschenrechtssituation vielleicht irgendwann einmal zum Positiven verändern, macht es mehr Sinn, sich im Land selbst ein Bild von der tatsächlichen Lage zu machen und im Rahmen der gegebenen Möglichkeiten Einfluss zu nehmen.

Unternehmen, die die persönliche Würde, die Privatsphäre und die Persönlichkeitsrechte jedes Einzelnen achten, denen die Gesundheit, Sicherheit und Motivation ihrer Mitarbeiter ein Anliegen ist, die Ausbildung, Qualifizierung und berufliche Entwicklung anbieten, die Mitarbeiter in Entscheidungsprozesse einbinden und ihnen Verantwortung übertragen – solche Unternehmen wirken vorbildhaft in die Gesellschaft hinein. Gleiche Wirkungen resultieren aus der Integration von Mitarbeitern in weltweite Netzwerke sowie aus Auslandsreisen und Begegnungen mit Kollegen aus anderen Ländern und Kulturen.

Es ist im Übrigen eine immer wieder bestätigte Erfahrung, dass eine wirtschaftlich verbesserte Lebenssituation in der Regel auch zu einer schrittweisen Verbesserung der Demokratisierungsprozesse, der gesellschaftlichen Offenheit und der Menschenrechtslage führt. Es gibt in der Geschichte zahlreiche Beispiele dafür, dass wirtschaftliche Freiheiten politische Freiheiten im Gefolge haben. „Wandel durch Handel" ist kein leerer Spruch, sondern erlebte Realität.

Die Aufnahme von China in die Welthandelsorganisation WTO und die Bereitschaft des Landes, mit den Menschenrechtsgremien der Vereinten Nationen zusammenzuarbeiten, zeigt, dass die Chinesen dabei sind, ihr Land zu öffnen. Ich bin überzeugt davon, dass sich mit der Einbindung Chinas in die Weltwirtschaft auf Dauer auch die persönlichen Handlungsfreiheiten jedes Einzelnen erweitern und rechtsstaatliche Prinzipien durchsetzen werden, aber eben im Dialog und nicht in der Konfrontation.

Die wirtschaftliche Betätigung in Ländern, die den Maßstäben westlicher Demokratien heute noch nicht entsprechen, sollte deshalb nicht vorschnell an den Pranger gestellt werden. Wer aus solchen Ländern Waren und Dienstleistungen bezieht, wer dort lokale Wertschöpfung aufbaut, im Landesvergleich überdurchschnittliche Löhne zahlt und gute Beschäftigungsbedingungen schafft, trägt zur unmittelbaren materiellen Besserstellung von Mitarbeitern und ihren Familien bei. Darüber hinaus wird auf diese Weise eine positive Multiplikatorwirkung ausgelöst, etwa durch die Entwicklung einer Zulieferindustrie, in der weitere Arbeitsplätze entstehen. Und schließlich werden so auch Erfahrung, Know-how und technologisches Wissen transferiert. Das Wohlstandsniveau steigt und damit in der Regel die Chance für mehr Selbstbestimmung, Handlungsfreiheit, Rechtsstaatlichkeit und in der Konsequenz auch für mehr Demokratie.

Auf einem anderen Gebiet existiert dagegen scheinbar ein Spannungsfeld zwischen kurzsichtigem Profitdrang und Moral, nämlich beim Thema Korruption – vor allem in Ländern, in denen „Vermittlungsgelder" für Politiker und Beamte noch alltäglich sind. Ich bin allerdings davon überzeugt, dass auch in diesen Fällen bereits nüchternes unternehmerisches Kalkül ausreichen müsste, um Abstand von derartigen unlauteren Geschäftsmethoden zu wahren. Trotzdem stellt sich in mancher ganz konkreten Situation die Frage, was tun, wenn man im Wettbewerb mit anderen Unternehmen nur durch Geldzuwendungen an einen Auftrag kommt – und immer derjenige verliert, der nicht mitmacht? Bis vor einigen Jahren wurde darin, wenn solche Vorgänge fern von Deutschland stattfanden, nichts Unmoralisches gesehen. „Nützliche Abgaben" waren in Deutschland ja sogar steuerlich absetzbar.

Das ist heute anders, und das ist auch gut so. Denn es gibt keinen Grund, warum moralische und rechtliche Wertorientierungen bezüglich der Korruption außerhalb des eigenen Heimatlandes und Firmensitzes außer Kraft gesetzt sein sollten. Außerdem hat der vermeintliche wirtschaftliche Vorteil von Korruption, wie bereits erwähnt, in aller Regel nur eine kurze Halbwertszeit und führt bei Bekanntwerden zu einem gewaltigen Imageverlust. Da hat auch Siemens in der Vergangenheit in Einzelfällen bittere Erfahrungen machen müssen – und daraus gelernt. Heute ist Korruption in jeder Form den Mitarbeitern in allen Ländern strikt untersagt.

Immer mehr internationale Unternehmen ziehen inzwischen am selben Strang. Denn wirkungsvoll bekämpft werden kann Korruption nur dann, wenn eine breite Übereinstimmung in dieser Frage besteht. Letztlich werden sich korrupte Systeme erst dann ändern müssen, wenn sich alle Unternehmen weigern, mitzumachen. Vielleicht ist es etwas naiv, angesichts des Ausmaßes der weltweiten Korruption auf ein absehbares Ende zu hoffen. Aber das ändert nichts an der Notwendigkeit, dieses Ziel entschieden zu verfolgen. Jedes einzelne Unternehmen kann durch klare Verbote sowie durch entsprechende Kontroll- und Sanktionsmaßnahmen dazu seinen Beitrag leisten.

Allerdings ist Korruption nur eines von mehreren Mitteln, den Wettbewerb auf unlautere Weise zu den eigenen Gunsten zu beeinflussen. Es gibt auch noch andere Wege, zum Beispiel die direkte oder indirekte Koppelung mit Waffengeschäften oder die Instrumentalisierung politischer Macht zur Durchsetzung von Unternehmensinteressen. Auch das sind in höchstem Maße zweifelhafte Vorgehensweisen. Und es darf eben nicht sein, dass Unternehmen, die mit ihren Angeboten für prestigeträchtige Aufträge im Wettbewerbervergleich unterlegen wären, aufgrund von „political pressure" doch zum Zuge kommen.

Auch die Kinderarbeit gehört in den Bereich der moralischen Konflikte. Damit muss sich zum Beispiel die Textilbranche befassen, die über Subunternehmen in Dritte-Welt-Ländern produzieren lässt. Es besteht wohl kein Zweifel, dass Kinderarbeit langfristig abgeschafft werden muss. Und ebenso wenig darüber, dass ausbeuterische Kinderarbeit in Steinbrüchen oder in Schuldknechtschaft, Kinderarbeit, die den Umgang mit giftigen Stoffen erfordert, oder die Kinderarbeit der Allerjüngsten bekämpft werden muss. Aber wie steht es um weniger extreme Formen der Kinderarbeit in Ländern, in denen es für Familien existenziell notwendig ist, dass die Kinder zum Lebensunterhalt beitragen? Mit kollektiver Entrüstung und pauschalen Verurteilungen ist den betroffenen Kindern und Familien wahrscheinlich nicht geholfen.

Dass ein genereller Boykott wenig sinnvoll ist, sagt auch die anerkannte Kinderhilfsorganisation terre des hommes, eine NGO, die sich ansonsten weltweit für die Abschaffung der Kinderarbeit einsetzt. Kinder, die aufgrund eines Boykotts entlassen würden, gerieten dadurch mit ihren Familien womöglich nur in noch schlimmere Lebensverhältnisse. Terre des hommes und ähnliche Organisationen unterstützen deshalb Projekte nach dem Motto „Arbeit plus Bildung". Damit soll den Kindern neben der Arbeit eine ihrer Lebenssituation angepasste Schul- und Berufsausbildung ermöglicht werden. Unternehmen können hierzu beitragen, indem sie solche Modelle unterstützen, etwa durch finanzielle Hilfen oder durch Einflussnahme auf Subunternehmer und Zulieferer.

Auf die Glaubwürdigkeit kommt es an: Ehtik als „Chefsache"

Papier ist bekanntlich geduldig. Gerade in Sachen Moral ist Glaubwürdigkeit gefragt, also die Übereinstimmung von Anspruch und Realität. Unglaubwürdig – und damit letztlich kontraproduktiv – ist es, sich ethische Werte auf die Fahnen zu schreiben, die man in der Praxis nicht einhalten kann und manchmal vielleicht auch gar nicht einhalten will. Das bedingt zweierlei: zum einen die Ehrlichkeit, darzulegen, dass ein Unternehmen wie Siemens mit mehr als 400.000 Mitarbeiterinnen und Mitarbeitern nicht für jedes Mitglied dieser Organisation „seine Hand ins Feuer legen" kann. Zum anderen aber die Pflicht, Verhaltensregeln und Kontrollmechanismen einzuführen, die „nach menschlichem Ermessen" Fehlverhalten ausschließen.

Der frühere Allianz-Chef Henning Schulte-Noelle hat einmal gesagt, Ethik sei Chefsache und das Kürzel CEO müsse auch für „Chief Ethics Officer" stehen. Er meinte damit natürlich nicht, dass Ethik nur in der Chefetage angesiedelt sein sollte, sondern dass die Einhaltung ethischer Grundsätze sozusagen „top down" von der obersten Ebene des Managements mit ihrer Vorbildfunktion vorgelebt werden muss. Diese Vorbildfunktion muss man vom Management in der Tat erwarten können, und ich halte es für berechtigt, sie einzufordern.

Und dennoch ist etwas dran an dem altbekannten Grundsatz: „Vertrauen – und Vorbild – ist gut, Kontrolle ist besser!" Wir bei Siemens haben deshalb in den letzten Jahren unsere einschlägigen Prozesse und schriftlich festgelegten Regeln weiterentwickelt und aktualisiert. Dazu drei Beispiele:

– Erstens sind da die bereits mehrfach angesprochenen „Business Conduct Guidelines". Hier wird Punkt für Punkt aufgelistet, welche Regeln für alle Führungskräfte und Mitarbeiter weltweit gelten und welche Konsequenzen Nichtbeachtung nach sich zieht. Dieser Kodex gibt den Mitarbeitern Sicherheit, da sie wissen, was von ihnen erwartet – und was nicht erwartet wird. Es wird ihnen nicht mehr zugemutet, in einer Grauzone des Nichtwissens oder Nichtwissenwollens zu agieren. Die Führungskräfte aller Ebenen weltweit müssen regelmäßig schriftlich bestätigen, dass sie die „Business Conduct Guidelines" kennen und danach handeln. Ein solcher Kodex hat neben seiner internen Wirkung auch den Vorteil, einen Anreiz für externe

Vertragspartner zu geben, sich ebenfalls moralisch korrekt zu verhalten. Gleichzeitig gibt das Unternehmen mit der Veröffentlichung derartiger Leitlinien einen Maßstab vor, an dem es sich messen lässt.

– Ein zweites Beispiel ist die Einrichtung eines „Officer for Compliance". Eine derartige Stelle gibt es bei Siemens inzwischen sowohl in der Unternehmenszentrale als auch in den Bereichen, regionalen Geschäftseinheiten und Tochtergesellschaften.

In Ergänzung zu den Prüfungen der Revisionsabteilungen organisieren die Geschäftseinheiten zusätzlich regelmäßige geschäftsbegleitende Selbstkontrollen, um Wettbewerbsverstößen und korruptivem Verhalten vorzubeugen. Die Häufigkeit dieser Kontrollen hängt von der Art der Geschäfte und ihrer Anfälligkeit für mögliches Fehlverhalten ab.

– Und zum Dritten sei die Einrichtung eines so genannten „Disclosure Committee" genannt. Dieses Komitee prüft vor jedem Quartals- und Geschäftsbericht, ob die erforderlichen internen Zertifizierungen vorliegen, mit denen die geschäftsführenden Einheiten die Rechtmäßigkeit, Vollständigkeit und Wahrhaftigkeit ihrer Rechnungslegung bestätigen.

Mitglieder dieses Gremiums sind die Leiter des zentralen Rechnungswesens, der Management- und Finanzrevision, der zentralen Rechtsabteilung sowie von Investor Relations und Corporate Communications. Diese Personen haben aufgrund ihrer täglichen Arbeit ein Gespür für sensible Vorgänge, die eine besonders sorgfältige Überprüfung nahe legen.

Profit, Moral und Transparenz

Profit und Moral – in beiden Fällen geht es letztlich um nachhaltigen Erfolg. Ein solider Gewinn – Quartal für Quartal, Jahr für Jahr – ist die Voraussetzung für die Kraft, im globalen Wettbewerb zu bestehen und in die Zukunft zu investieren. Und ethisch einwandfreies Handeln ist Voraussetzung für Akzeptanz, ohne die wirtschaftlicher Erfolg auf Dauer nicht möglich ist.

Vor diesem Hintergrund kommt es darauf an, eine möglichst hohe Transparenz zu schaffen. „Corporate Responsibility" ist eine Verpflichtung, zu der wir uns bekennen und der wir nachkommen. In unserem Unternehmensleitbild haben wir dies so formuliert: „Wir tragen gesellschaftliche Verantwortung und engagieren uns für eine bessere Welt. Unsere Ideen, Technologien und unser Handeln dienen den Menschen, der Gesellschaft und der Umwelt. Integrität bestimmt den Umgang mit unseren Mitarbeitern, Geschäftspartnern und Aktionären."

Ein Unternehmensleitbild muss die Unternehmenspraxis widerspiegeln und im Alltag spürbar sein. Sonst ist es wenig wert und vor allem nicht glaubwürdig. Jeder kennt Fälle, in denen Anspruch und Wirklichkeit auseinander klaffen. Und sicher findet man in jedem Unternehmen – ich schließe Siemens ausdrücklich ein – immer wieder Beispiele, in denen es solche Abweichungen gibt. Von einem bin ich aber überzeugt: Die dauerhafte Existenz von Unternehmen hängt bei weitem nicht nur von ihrer Profitabilität ab, sondern auch davon, ob die Verantwortlichen eine gefestigte eigene Wertebasis und -orientierung besitzen,

ob es eine Unternehmenskultur gibt, die ein Wertebe-
wusstsein einschließt, und ob das Denken, Entscheiden und Handeln im Alltag darauf basiert. Entsprechend dieser Wertorientierung im doppelten Sinn – im
Sinn von Profitabilität und im Sinn von Moral – ist
Siemens ein altbewährtes Unternehmen und ein Unternehmen voller Vitalität und Tatkraft, für die wir uns
gerne auf Erich Kästners Diktum berufen: „Es gibt
nichts Gutes, außer man tut es."

KARL HOMANN

Grundlagen einer Ethik für die Globalisierung

Wir haben zur Zeit große Probleme mit unserer Orientierung in der Welt, auch in der Wirtschaft. Die Arbeitslosigkeit ist gestiegen, wir haben Umweltprobleme, Korruptionsskandale – und an allem ist die Wirtschaft beteiligt. Auf Unsicherheit und zunehmende Risiken reagiert die Öffentlichkeit mit der Forderung nach mehr Moral: Das ist eine der Kernthesen des Systemtheoretikers Niklas Luhmann.

Es ist richtig, dass in unserer gegenwärtigen Gesellschaft etwas mit der Moral nicht stimmt. Die Diagnose, der Verfall der Moral sei die Folge eines Werteverfalls, ist jedoch falsch. Gleiches gilt für die geforderte Therapie einer (öffentlichen) Forcierung von moralischen Werten. Moral ist keine Größe, mit der sich eine moderne Marktwirtschaft steuern lässt.

Die ökonomische Theorie sagt vielmehr: Das Verhalten wird vom Eigeninteresse bestimmt. Die heute oft kritisierte Gier der Manager ist – analytisch – nichts anderes als eine bestimmte Form von Eigeninteresse. Wenn nun aber die Gier in den Mittelpunkt der Debatte gerückt wird, könnte es so aussehen, als ginge es einfach nur darum, das Eigeninteresse abzuschwächen und dadurch die Wirtschaft zu steuern. Genau das geht aus systematischen Gründen nicht.

Wenn wir gegenwärtig so etwas wie einen Verfall

der Moral auf breiter Front konstatieren, weist dies
vielmehr auf den Zusammenbruch der institutionellen
Stützen hin, die die Moral vieler Bürger bis heute getragen haben.

Der Wettbewerb ist das Rückgrat der modernen
Marktwirtschaft und die Grundlage unseres Wohlstands. Aber der Wettbewerb macht moralisches Verhalten für den Einzelnen schwierig. Solange nicht
ganz klare Spielregeln vereinbart werden, die auch die
Konkurrenten binden, wird der Ehrliche leicht über
den Tisch gezogen.

Moderne Gesellschaften lassen sich nur über solche
Spielregeln steuern, über die Bedingungen, unter denen etwas passiert. Bloße Motivation reicht zur Steuerung nicht aus – entscheidend ist, welche Pflöcke rund
um das Spielfeld eingeschlagen werden, wie weit es
also von einer Rahmenordnung begrenzt wird, die den
Mitspielern Anreize gibt, sich an die Spielregeln zu
halten. Im Falle der Bekämpfung von Bilanzfälschung
muss es etwa das Ziel sein, die Unternehmen zu Inte-
ressenten zu machen – sie müssen ein Interesse daran
haben, ihre Bilanzen *nicht* zu fälschen.

Es geht in diesem Teil um zweierlei. Zum einen soll
gezeigt werden, dass individuelle Moral, Handlungs-
moral, auf institutionelle Stützen angewiesen ist, wenn
sie unter den Wettbewerbsbedingungen der modernen
(Welt-)Gesellschaft im Alltag praktizierbar sein soll.
Zum Zweiten soll die grundsätzliche Vereinbarkeit
von Profit und Moral, die im Beitrag von Heinrich v.
Pierer an vielen Beispielen gezeigt wird, philosophisch
begründet werden, weil wir sonst nur schlechte Optionen hätten – für die Moral gegen den Profit oder für
Profit gegen Moral.

Moral: Ergebnis vorteilhafter Regeln

Am Anfang soll dabei die Frage stehen, was Moral überhaupt ist. Unter „Moral" versteht man einen Komplex von Regeln und Normen, die das Handeln leiten sollen und für Schuldgefühle oder Missachtung verantwortlich sind, falls man selbst oder andere dagegen verstoßen. Diese Regeln helfen zu beurteilen, ob das Handeln von Menschen „gut" oder „böse", „moralisch richtig" oder „moralisch falsch" ist.

Grundsätzlich ist Moral ein Ergebnis zahlreicher Interaktionen. Bestimmte Regeln bewähren sich in den Beziehungen zwischen Menschen und Gruppen und werden daher im Großen und Ganzen allgemein befolgt. Sie werden ein Teil der Moral. Diese Moral entsteht zunächst in kleinen Gruppen, etwa als Stammesmoral, und dehnt sich im Laufe der kulturellen Evolution auf größere Gruppen wie Staaten, Kulturen, Religionsgemeinschaften aus. Dieser Prozess dauert oft Jahrhunderte. Die so in Form von Regeln und Normen definierte Moral liegt also selbst in den Vorteilen begründet, die die ihr Unterworfenen durch dieses moralische Regelsystem erfahren und erfahren haben. Eine von religiösen, metaphysischen oder weltanschaulichen Vorgaben unabhängige, auf Vorteilserwartungen gegründete Moral hat den Vorzug, nach Moralregeln zu suchen, die Menschen unterschiedlichster Wertorientierungen in Frieden, Solidarität und Würde produktiv zusammenarbeiten lassen. Eine solche Moral erscheint geradezu prädestiniert, den Rahmen für die Begegnung unterschiedlicher Kulturen abzugeben.

Moral und Eigeninteresse schließen einander also nicht aus, vielmehr ist die Moral selbst auf Vorteilserwartungen und Vorteilserfahrungen gegründet. Warum wird das Streben nach dem eigenen Vorteil – und insbesondere das Streben nach Gewinn als einer spezifischen Form dieses Vorteilsstrebens – in unserer Gesellschaft dennoch als unmoralisch empfunden? Warum wird in der deutschen Gesellschaft oft ein Spannungsverhältnis zwischen Profit und Moral vermutet? Zur Beantwortung dieser Frage ist es nützlich, sich zu vergegenwärtigen, worauf unser europäisches Verständnis von Moral beruht.

Moral: Die abendländisch-christliche Tradition

Die Meinung, dass Profit – oder das Streben danach – etwas tendenziell Unmoralisches sei, scheint tief in der christlichen Tradition verankert. Das Evangelium fordert zum Almosengeben und zum Schuldenerlass auf. Wer Reichtümer anhäuft, statt den Armen zu schenken, was er hat, muss um seine ewige Seligkeit fürchten. Die Armut gehörte deshalb, neben Keuschheit und Gehorsam, zu den katholischen Idealen eines besonders gottgefälligen Lebens. Der wirtschaftende Bürger mochte noch so gut für seine Familie sorgen, noch so rechtschaffen, hilfsbereit und freigebig sein – die mönchische, den Idealen der Armut, der Keuschheit und des Gehorsams verpflichtete Lebensweise galt als moralisch höher stehend.

Die Reformation hat diese katholischen Heiligkeitsideale verabschiedet und damit die bürgerliche Erwerbsarbeit aus dem Status der moralischen Minderrangigkeit befreit. Eine moralische Billigung des marktwirtschaftlichen Wettbewerbs – und der Gewinne, die sich in diesem Wettbewerb erzielen lassen – war damit aber noch nicht verbunden. Luther billigte die Erwerbsarbeit, soweit sie dazu diente, jedermann seine „ziemliche Nahrung", das geziemende standesgemäße Auskommen in einer fest gefügten ständischen und zünftischen Ordnung, zu verschaffen; in diesem Rahmen galt sie ihm als Dienst am Nächsten und als gottgefällig. Was darüber hinausging, blieb Gegenstand moralischer Empörung. Die Verdrängung der weniger leistungsfähigen Wettbewerbsteilnehmer vom Markt, ein wesentliches Funktionselement des marktwirtschaftlichen Wettbewerbs, betrachtete Luther als unchristlich. Die Anhäufung großer Reichtümer sah er, eben weil die Grenzen der „ziemlichen Nahrung" damit überschritten wurden, nicht mehr als gerechten Lohn für einen wirtschaftlichen Dienst, sondern als wirtschaftlichen Raub am Nächsten an. Der calvinistische Zweig der Reformation kam in einigen Punkten der sich entwickelnden kapitalistischen Ökonomie weiter entgegen als der lutherische. Die anerkennende und neidlose Haltung zum wirtschaftlichen Erfolg, die man in den Vereinigten Staaten antrifft, hat hier eine ihrer kulturellen Wurzeln.

In Deutschland folgen wir heute noch der Auffassung aus der abendländisch-christlichen Tradition von der Minderwertigkeit oder gar Verwerflichkeit des Strebens nach Reichtum. Sie wurde fast vier Jahrhunderte nach Luther von Immanuel Kant zementiert, der für die Sittlichkeit von Handlungen forderte, dass diese rein „aus Pflicht" – und nicht nur „gemäß der Pflicht" – erfolgen sollten.

Übersehen wird dabei jedoch, dass es auch eine andere Traditionslinie im Christentum gibt. Das christliche Liebesgebot heißt aus guten Gründen nicht: „Du sollst deinen Nächsten mehr lieben als dich selbst", sondern: „wie dich selbst" – das ist die große Weisheit. Eigeninteresse ist also auch nach der christlichen Lehre nicht sittlich minderwertig, auch wenn wir das immer so diskutieren.

Mit der moralischen Fragwürdigkeit des Vorteilsstrebens hängt die moralische Infragestellung des Wettbewerbs eng zusammen. In weiten Teilen der Kirchen und Gewerkschaften, unter Intellektuellen und sogar in der wissenschaftlichen Theoriebildung wird der Wettbewerb oft als Gegenprinzip zur moralisch höherwertigen Solidarität aufgefasst. Zwar lehnen wir den Wettbewerb auf normalen Gütermärkten – etwa für Marmelade oder Autos – nicht mehr ab, aber immer noch und weit verbreitet wird die Einführung von Wettbewerb mit moralischen Argumenten kritisiert in Feldern wie Bildung und Arbeitsmarkt, bei dem ganzen Komplex der so genannten „Daseinsvorsorge", also bei Kranken- und Rentenversicherungen, bei der Post, der Wasserversorgung, bei Pflegediensten und Krankenversorgung, und erst recht natürlich in neuralgischen Bereichen wie bei dem Thema Organspenden. Diese moralische Abwertung von Gewinnstreben und Wettbewerb beruht vor allem darauf, dass in der vormodernen Gesellschaft Nullsummenspiele gespielt wurden: Was der eine gewann, musste ein anderer verlieren, sodass die Summe aus Gewinnen und Verlusten immer null war. Unter dieser Voraussetzung gingen Reichtum, Kapitalbildung bei Einzelnen und Wettbewerb immer auf Kosten anderer, sodass gesellschaftli-

che Konflikte nur durch Mäßigung des Vorteilsstrebens und des Wettbewerbs zu vermeiden waren. Kritiker folgern aus diesem Ansatz noch heute, dass
Vorteilsstreben und Wettbewerb gemildert, abge-
schwächt, domestiziert oder ganz unterbunden werden sollten.

Moral und marktwirtschaftlicher Wettbewerb

Der Wettbewerb bringt zweifellos stark antagonisti-
sche Verhaltensweisen mit der Folge von Firmenzu-
sammenbrüchen, Arbeitsplatzverlusten und der fort-
laufenden Entwertung von Kapital mit sich, auch die
Umstellung von immer mehr sozialen Beziehungen
auf ökonomische Kalkulationen. Trotzdem haben die
moralsensiblen Kritiker von Wettbewerb und Marktwirtschaft Unrecht. Denn Moral ist – wie gezeigt –
ein System von Regeln, und die bisher entwickelte
Vorteilsbegründung der Moral bezieht sich auf die
Regeln, also auf Sequenzen von Handlungen nach
Regeln, nicht jedoch auf die einzelne Handlung als
solche. In wettbewerblichen Handlungen darf es
durchaus Verlierer geben, ohne dass dies zu einer
theoretischen Inkonsistenz mit der Vorteilsbegründung der Regeln selbst führen würde. Über die Sequenz von solchen Handlungen haben alle vom System des Wettbewerbs Vorteile, auch jene, die im Einzelfall mal Verlierer sind.

Denn die moderne Gesellschaft – in der der
Wettbewerb zu Hause ist – ist im Unterschied zur
Vormoderne eine Wachstumsgesellschaft. Es gibt
keine Nullsummenspiele mehr: Trotz eines dramati-

schen Bevölkerungswachstums ist das Pro-Kopf-Einkommen in den Marktwirtschaften des Westens in den letzten zwei Jahrhunderten gewaltig gestiegen. Durch Reichtum und Kapitalbildung bei Einzelnen ist es möglich, auch den Wohlstand der anderen anzuheben – vermittelt über das System der Marktwirtschaft.

Das Erfolgsrezept der Marktwirtschaft besteht dabei vor allem darin, einzelne Verluste in Kauf zu nehmen, um über die Sequenz der Handlungen größere Vorteile für alle zu erzielen. Die soziale Marktwirtschaft will dabei mit dem System der sozialen Sicherung die Effizienz des Marktes und des Wettbewerbs noch weiter verbessern, indem sie die Risikobereitschaft der Akteure erhöht. Risiko wird zu einem Produktionsfaktor; es kann als Produktionsfaktor aktiviert werden, indem die Einzelnen im Falle des Scheiterns von einem sozialen Sicherungsnetz aufgefangen werden. Entgegen der Meinung der Kritiker ist der Wettbewerb also unter den Bedingungen der modernen Welt das beste bisher bekannte Mittel zur Verwirklichung gerade der Solidarität aller. Wettbewerb ist solidarischer als Teilen.

Daher ist der marktwirtschaftliche Wettbewerb selbst eine moralisch gute Institution, und zwar nicht, obwohl er auf Eigennutz basiert, sondern gerade deswegen.

Die institutionelle Wende: Von Hegel lernen

Den reformatorischen Gedanken, dass nicht nur mildtätige Gaben für andere, sondern auch und gerade Arbeit und wirtschaftlicher Austausch mit anderen als christlicher Nächstendienst zu begreifen sind, haben vor allem Ökonomen und Philosophen des achtzehnten und neunzehnten Jahrhunderts von Smith bis Hegel über die Grenzen der „Nahrungsökonomie" hinaus verallgemeinert und zu einem ganz neuen Verständnis des marktwirtschaftlichen Wettbewerbs weiterentwickelt. Sie konzipierten eine im Verhältnis zur vorausgegangenen christlichen Tradition neue, institutionelle Ethik.

Mit Institutionen sind in diesem Zusammenhang die rechtlichen, organisatorischen und sonstigen gesellschaftlich statuierten verhaltenssteuernden Rahmenbedingungen menschlichen Handelns gemeint. Die in Smiths Betrachtungsweise von Markt und Wettbewerb angelegte Ethik ist eine institutionelle Ethik,

– die über das Interesse an der moralischen Qualität individuellen Handelns hinaus die Qualität der institutionellen Verhältnisse in den Blick nimmt, unter denen Menschen leben und handeln, und
– die diese institutionellen Verhältnisse für umso besser erklärt, je weniger sie die moralische Leistungsfähigkeit des Einzelnen strapazieren und je weniger sie das Wohlergehen jedes Einzelnen davon abhängig machen, dass andere sich in herausgehobener Weise moralisch verhalten.

Auf den vernünftigen, sittlichen Charakter der Institutionen kommt es Hegel zufolge in erster Linie an. Als „sittlich" bezeichnet er Institutionen oder, in Hegels eigener Terminologie, „Verhältnisse", in denen das objektiv Gute und das subjektiv als gut Anerkannte zusammenfallen, in denen also der Einzelne seine eigenen subjektiven Rechte und Interessen ebenso aufgehoben findet wie die Rechte und Interessen der Allgemeinheit. Konkret sind dies nach Hegels Lehre vor allem die Institutionen Familie, bürgerliche Gesellschaft und Staat. In Hegels Analyse der „bürgerlichen Gesellschaft" – der zumindest im Ansatz wettbewerblichen Organisation des Wirtschaftslebens – sind die Lehren Adam Smiths verarbeitet: Die bürgerliche Gesellschaft ist die Sphäre eigennütziger wirtschaftlicher Tätigkeit. Obwohl vom Eigennutz gesteuert, ist sie aber nichts Unsittliches, sondern Element einer sittlichen Ordnung. Gerade darin, dass die allgemeine Wohlfahrt durch Freilassung eigennütziger Antriebe befördert wird, sieht Hegel die Stärke dieses Systems.

Vorteilskalkulation: Grundlage der durch Institutionen gestützten Moral

Natürlich enthält Hegels Philosophie – wie jede andere Philosophie – vieles, was zeitbedingt ist und nicht einfach auf die heutige Zeit übertragen werden kann. Dennoch können wir von Hegel lernen, wie wichtig Institutionen sind, wenn wir nicht in dem unfruchtbaren Gegensatz von Profit und Moral verharren wollen, der uns nur gleichermaßen schlechte Optionen übrig lässt.

Für die Frage, wie Moral und wirtschaftliches Handeln im Wettbewerb kompatibel bleiben, lässt sich folgern: Die Befolgung moralischer Normen kann von den Akteuren – den Einzelnen und den Unternehmen, aber auch den Politikern – heutzutage nur dann erwartet werden, wenn sie sich davon Vorteile versprechen können. Nur so lässt sich das Problem der Realisierung und Implementierung der Moral unter den Bedingungen des Wettbewerbs überzeugend lösen.

Dieser Ansatz unterscheidet sich damit deutlich von der herkömmlichen Ethik der Moderne, die sich bei der Frage nach der Implementierung von Moral allein auf das moralische Bewusstsein des Einzelnen verlässt. Die Akteure, so diese Auffassung, würden eine wohl begründete Moral aus einer genuin moralischen Motivation heraus befolgen. Diese Argumentation birgt jedoch ein fundamentales philosophisches Problem: Warum sollten Menschen moralischen Normen folgen, wenn sie dafür unter den Wettbewerbsbedingungen der modernen Wirtschaft und Gesellschaft Nachteile in Kauf nehmen müssen, weil Konkurrenten die gleichen Normen mangels eigener Motivation nicht befolgen? Beispielsweise kann man nicht erwarten, dass Unternehmen moralische Probleme, die eine ganze Branche betreffen, im Alleingang bewältigen. Dazu zählen etwa teure Umweltschutzmaßnahmen oder der Bereich der Arbeitnehmerinteressen. Hier würde das aus eigenem Antrieb motivierte moralische Verhalten eines Unternehmens einen beträchtlichen Wettbewerbsnachteil bedeuten.

Unter den Wettbewerbsbedingungen der Marktwirtschaft können Unternehmen jedoch keine „Opfer" bringen. Eine „Ethik", die in dieser Situation die „unbedingte" Befolgung moralischer Normen durch die einzelnen Akteure verlangt, ist schlechter Idealis-

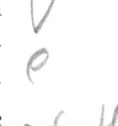

S. Smith

mus. Sie kommt über das bekannte Appellieren und
Postulieren – und bei Nichtbefolgung über Schuldzu-
weisungen – nicht wirklich hinaus.

Sozialstrukturelle Veränderungen

Die klassische abendländische Ethik der Mäßigung
und die Auffassung einer Normenbefolgung aus genuin moralischer Motivation mögen vor dem Hintergrund einer vormodernen Bedarfsdeckungsgesell-
schaft noch plausibel gewesen sein. Sie war eine Ethik
für die Kleingruppengesellschaft, aber schon dort hiel-
ten sich die Menschen an die Normen nicht so sehr
aus moralischer Motivation, sondern wegen der lückenlosen informellen Kontrolle, unter der sie standen. Sie hatten kein Privatleben, jeder kannte jeden,
man traf immer auf dieselben Leute und konnte sich
gegenseitig informell sanktionieren – ein höchst effek-
tives Kontrollsystem.

In überschaubaren Gruppen, die es auch in der modernen Welt (noch) gibt (zum Beispiel Familie, Ar-
beitsgruppen im Betrieb, Wohngemeinschaften oder
Bürgerinitiativen), ist die Feststellung unsolidarischen
Verhaltens im täglichen Umgang immer noch leicht,
das heißt kostengünstig und lückenlos, möglich. In
vielen anderen Bereichen der heutigen Gesellschaft
sind ethische Kategorien, die sich systematisch auf
die vormoderne Gesellschaft beziehen, jedoch un-
angemessen. Aus der Arbeitsteilung, den langen
Produktions(um)wegen und der zunehmenden Ver-
haltensinterdependenz der heutigen anonymen Groß-
gesellschaft folgt für den Einzelnen, dass er zwar in

verschiedene Systeme eingebunden ist, aber immer nur über partiale Aktivitäten und niemals als „ganzer Mensch". Mehrfachzugehörigkeiten zu weit verzweigten, heute im Prinzip weltumspannenden Funktionssystemen wie Wirtschaft oder Wissenschaft werden zum Normalfall. Daraus wiederum ergibt sich, dass das besondere Profil des Einzelnen, seine jeweilige Individualität, aus den verschiedenen Zugehörigkeiten individuell zusammengesetzt ist, was in der Soziologie unter dem Stichwort „Individualisierung" läuft. Die soziale Integration erfolgt nicht mehr in einer einzigen, stabilen, überschaubaren Gruppe wie der Familie oder der Dorfgemeinschaft, sondern über verschiedene Zugehörigkeiten.

Von diesen sozialstrukturellen Veränderungen wird zunächst vor allem die traditionelle Kleingruppenstruktur – Familie, Dorf, Stamm – und später der Nationalstaat in Mitleidenschaft gezogen. Beide verlieren ihre Bedeutung als identitätsstiftende Integrationsplattformen. Die Mobilität der Menschen nimmt zu – in allen nur denkbaren Dimensionen: geografisch, sozial, ökonomisch, weltanschaulich, kulturell.

Auf genau dieser Struktur beruht die außerordentliche Leistungsfähigkeit moderner Gesellschaften, die in der gewaltigen Beschleunigung im Zuge der Globalisierung eine neue Stufe erreicht. Doch unter diesen strukturellen Bedingungen können wir die Implementierung moralischer Normen, also die Stabilität der sozialen Ordnung, nicht mehr aus den „ethischen Gefühlen", aus Tradition und Gewohnheit, aus Sympathie und Gerechtigkeitssinn (allein) erwarten. Ohne „Gefühle" dieser Art zu leugnen: Keine Moral, keine Solidarität kann ohne intersubjektive Kontrolle und die entsprechenden Sanktionen gesellschaftlich auf Dauer Bestand haben. Um dieses Problem der Kontrolle durch andere zu umgehen, müssen Normen heute self-enforcing, selbstdurchsetzend, sein, sie werden nur dann befolgt, wenn ihre Befolgung dem jeweiligen Akteur größere individuelle Vorteile verheißt als ihre Nicht-Befolgung.

Im Zusammenhang mit der Frage, wie diese Forderung realisiert werden kann, muss man grundsätzlich zwischen dem Handeln innerhalb eines Regelwerkes und der Entscheidung über dieses Regelwerk unterscheiden.

Von der Handlungsethik zur übergeordneten Ordnungsethik

Die strukturellen Bedingungen vormoderner Gesellschaften, ihr Regelwerk, waren über drei Jahrtausende stabil: Sie galten als „Natur", die dem Zugriff des Menschen entzogen und damit kein Gegenstand der Ethik, sondern der Metaphysik war.

In einer modernen, pluralistischen Gesellschaft kann das Regelwerk jedoch nicht mehr als naturgegeben angesehen werden. Moralische Normen in Form von Verfassungen und Gesetzen sind selbst der Kontrolle durch den Menschen unterworfen. Wir können das Regelwerk bestimmen. Wir sind sogar dabei, die genetische Ausstattung in die Hand zu nehmen. Also reicht die reine Handlungsethik der Vormoderne nicht mehr aus. Wir müssen eine Ordnungs- oder Bedingungsethik vorschalten. Diese zweistufige Ethik regelt – ganz im Sinne Hegels – einmal die Moral in der Ordnung und dann die Moral in den Handlungen, wobei die Ordnungs- oder Bedingungsethik der Handlungsethik eindeutig übergeordnet ist.

Dabei ist der Mensch selbst das einzige Kriterium, auf das man sich bei der Ableitung der moralischen Normen stützen kann, wenn man auf metaphysische Ansätze verzichtet: Moral wird auf den Vorteilserwartungen der Einzelnen unter den Bedingungen der modernen Gesellschaft gegründet. Die Moral ist für den Menschen da, nicht der Mensch für die Moral. Der Mensch erlegt sich selbst moralische Regeln auf, nur um dadurch selbst größere Vorteile zu erlangen. Dabei ist der Begriff „Vorteil" nicht nur materiell oder gar nur monetär zu verstehen, sondern umfasst auch Werte wie Gesundheit, Muße und die Verwirklichung eines vernünftigen Lebens in der Gemeinschaft mit anderen.

Diese Vorteilskalkulation als Grundlage der Moral bedeutet nicht, dass der Einzelne in jeder Situation versuchen wird, das Maximum herauszuholen. Eine solche Vorteilskalkulation wird vielmehr um eine zeitliche und eine soziale Dimension erweitert. So ist es für ihn etwa im eigenen Interesse, seine alten Eltern zu pflegen, obwohl das in der Gegenwart nicht unbedingt einen Vorteil bedeutet. Langfristig könnte er jedoch ebenfalls auf andere angewiesen sein, um den eigenen Nutzen zu maximieren. „Moral" ist also nichts anderes als individuelles Vorteilsstreben in langfristiger und kooperativer, sozialer Perspektive: Heute würde man von einem „nachhaltigen" Vorteilsstreben sprechen.

Grundsätzlich ist jeder Akteur für die Maximierung der eigenen Vorteile, soll sie nachhaltig sein, auf andere angewiesen. Das kann in einer arbeitsteiligen Gesellschaft die Mitwirkung anderer bedeuten, erfordert aber zumindest die Duldung von ihrer Seite. Der „Wohlstand der Nationen" resultiert aus dauerhaften Interaktionen mit anderen, und dafür ist die Verlässlichkeit, die Berechenbarkeit der Partner, sichergestellt durch moralische Regeln, die grundlegende Voraussetzung.

Die Demarkationslinie zwischen unmoralischem und moralischem Handeln ist somit nicht entlang der Unterscheidung von Egoismus und Altruismus zu ziehen, so als ob Egoismus böse und Altruismus gut sei, sondern zwischen einem Vorteilsstreben auf Kosten anderer und einem Vorteilsstreben, bei dem auch die anderen an den Vorteilen teilhaben, kurz (wenn auch etwas ungenau): zwischen einseitigem und wechselseitigem Vorteilsstreben. Dabei werden die Vorteile für die anderen in der modernen Marktwirtschaft nicht als „milde Gaben" ausgeteilt, sie kommen ihnen vielmehr über den Markt zugute, in Form von guten, preiswerten, innovativen Produkten und Dienstleistungen, wie sie für uns alle ganz normal sind.

Das Eigeninteresse der Unternehmen an Moral

Das Eigeninteresse von Unternehmen an moralischem Verhalten kann sich in verschiedener Form niederschlagen. Dabei muss man vor allem zwei Strategien unterscheiden. Die ordnungspolitische Strategie gibt den Unternehmen allgemeine Handlungsbedingungen vor, die Anreize enthalten, moralisch zu handeln. Im

Rahmen der Wettbewerbsstrategie erlegen sich die einzelnen Unternehmen dagegen selbst moralische Standards auf, um ihre Reputation zu verbessern oder zu pflegen.

Die ordnungspolitische Strategie:
Das Beispiel Emissionshandel

Bei der ordnungspolitischen Strategie fallen die Vorteile aus moralischen Handlungen indirekt und mittelbar an. Diese Strategie zielt auf die Bindung aller Konkurrenten an dieselben Moralstandards, sodass moralisches Verhalten Einzelner nicht mehr von der weniger moralischen Konkurrenz ausbeutbar ist.

Dies ist der Fall, wenn den Unternehmen Handlungsbedingungen vorgegeben werden, die einen bedeutenden Einfluss auf ihr Handeln haben, die sie selbst aber nicht kontrollieren. Dazu zählen etwa Naturgesetze, aber auch die Verfassung und Umweltschutzvorschriften, also der ganze Komplex der „sozialen Ordnung", der „Rahmenordnung".

In diesem Zusammenhang können moralische Regeln aufgrund von Vorteilen, die ihre allgemeine Befolgung erwarten lässt, etabliert werden. Die Moral, die Solidarität liegt in diesem Fall also nicht mehr in den unmittelbar handlungsleitenden Motiven der einzelnen Akteure, sondern in den Handlungsbedingungen, die den eigeninteressierten Handlungen der Akteure Beschränkungen auferlegen und sie dadurch in eine Richtung lenken, die im Ergebnis alle besser stellt.

Bei dieser Strategie werden gewissermaßen alle Betroffenen aktiv. Bei der Verpflichtung auf moralische

Regeln handelt es sich daher um eine kollektive Selbstbindung. Sie wird im Nationalstaat durch den „Staat" etabliert, der die Einhaltung über das Gewaltmonopol durchsetzt. Die ordnungspolitische Strategie ist die klassische Methode des neuzeitlichen Nationalstaates, moralische Handlungen Einzelner im Wettbewerb vor der Ausbeutung durch die weniger moralische Konkurrenz zu schützen.

In der globalisierten Wirtschaft wird dieses klassische Modell allerdings immer weniger praktizierbar, weil es eine einheitliche Weltrahmenordnung bestenfalls in Bruchstücken – wie sie etwa die UN-Charta, die World Trade Organisation WTO, die International Labour Organisation ILO, Umweltkonventionen und andere darstellen – gibt. Die ordnungspolitische Strategie ist jedoch trotz des globalen Wettbewerbs nicht ausgeschlossen, wie das folgende Beispiel des Handels von Emissionszertifikaten zeigen soll.

Der Handel von Emissionszertifikaten ist eines der Mittel, die den Unterzeichnerstaaten des Kyoto-Protokolls offen stehen, um die in der 1997 beschlossenen Vereinbarung festgehaltenen Vorgaben zu erfüllen. Danach müssen die Industriestaaten den Ausstoß von Treibhausgasen, insbesondere Kohlendioxid (CO_2) bis 2012 im Schnitt um 5,2 Prozent gegenüber dem Vergleichsjahr 1990 drosseln. Die Bundesregierung hat sich zu einem Minus von 21 Prozent verpflichtet. Das Inkrafttreten des Kyoto-Protokolls gilt als nahezu sicher.

Beim Emissionshandel handelt es sich um Umweltschutz nach Marktgesetzen. Unternehmen sollen künftig um ein Gut feilschen, das es bislang umsonst gab: das Recht, die Luft zu verschmutzen. Angebot und Nachfrage sollen den Preis bestimmen. Finanzielle Anreize sind der Schlüssel des marktorientierten Umweltschutzes. Der Staat legt ein Maximum an Verschmutzungsrechten fest und gibt damit das Ziel vor. Der Weg dorthin steht den Unternehmen frei.

Vor dem Hintergrund unserer bisherigen Ausführungen bedeutet das: Die Festlegung der Verschmutzungsrechte erfolgt durch internationale Vereinbarungen, durch kollektive Selbstbindung, also durch einen Entscheidungsmechanismus, den man im nationalstaatlichen Rahmen der ordnungspolitischen Strategie zuordnen würde. Die weitere Konkretisierung wird nicht durch politische Vereinbarungen festgelegt, sondern dem anonymen Mechanismus des Marktes und der Preisbildung überantwortet. Auf diese Weise wird der Markt zur Erreichung des moralischen Ziels Umweltschutz eingesetzt. Durch die politisch vorgegebene Verknappung des Produktionsfaktors Umwelt bekommt das Gut Umwelt einen Preis, der die Länder – und die Unternehmen – in ihrem eigenen Interesse zu einer Reduktion des CO_2-Ausstoßes veranlasst: Moral setzt sich im Windschatten des Eigeninteresses durch.

Skeptiker kritisieren den Emissionshandel oftmals als Mittel, mit dem sich Unternehmen von ihrer moralischen Verpflichtung freikaufen können. Die „Reichen" müssten ihr Verhalten nicht ändern, weil sie sich die Rechte zur fortgesetzten Verschmutzung kaufen könnten. Diese Kritik läuft jedoch ins Leere, da die Rahmenbedingung Anreize setzt, die unmoralisches Verhalten unlukrativ machen.

Zwar ist die Befreiung von der moralischen Verpflichtung rein theoretisch käuflich. Diese Möglichkeit wird sich für Unternehmen – egal ob deutsche, amerikanische oder indische – jedoch nur dann lohnen, wenn der Preis für die Emissionszertifikate unter den Kosten liegt, die im eigenen Unternehmen für die Reduzierung der gleichen Emissionsmenge anfallen würden. Aus Eigeninteresse werden Manager all ihre Findigkeit und Kreativität einsetzen, um durch Umweltschutzinnovationen diese Kosten so weit wie möglich zu reduzieren.

Dieses System bringt zwei Vorteile: Zum einen wird das angepeilte Öko-Ziel zu minimalen Kosten erreicht. Unternehmen, so das Kalkül, werden dort zuerst Emissionen reduzieren, wo es für sie am günstigsten ist. Wahrscheinlich ist ebenfalls, dass sie ihre Emissionen stärker als vorgegeben drosseln werden, wenn die Einnahmen aus dem Verkauf der überschüssigen Verschmutzungsrechte höher sind als ihre Investitionskosten zur Verringerung der entsprechenden Schadstoffmenge. Die Käufer der Zertifikate gehen dagegen davon aus, dass es günstiger ist, Geld für zusätzliche Verschmutzungsrechte auszugeben, als selbst Emissionen zu drosseln. Mit der Zeit führt dies zu einer nachhaltigeren Verringerung des CO_2-Ausstoßes als die Strategie der Verbote. Daneben schafft das Konzept einen Anreiz, Emissionen schneller als nötig zu reduzieren, weil sich mit dem Überschuss an Verschmutzungszertifikaten Geld verdienen lässt.

Der Handel mit limitierten Verschmutzungsrechten allein reduziert also nicht automatisch den Schadstoffausstoß, aber er macht Umweltschutz zum lukrativen Geschäft. Die Weltbank sagt voraus, dass der Handel mit Treibhausgasen wie CO_2 oder Methan (CH_4) bereits 2005 ein Volumen von zehn Milliarden

Dollar haben könnte, falls alle Staaten dem Kyoto-Protokoll folgen.

Einige Kyoto-Unterzeichnerstaaten experimentieren schon heute mit Emissionshandel. Die dänische Regierung teilt ihren Kraftwerksbetreibern bereits seit 1999 jährlich sinkende, handelbare Verschmutzungsrechte für den Schadstoff Kohlendioxid zu. Bläst ein Kraftwerk mehr CO_2 in die Luft, als den Betreibern aufgrund ihrer Emissionszertifikate zusteht, muss es für jede zusätzlich emittierte Tonne eine Strafe von 40 Dänischen Kronen (rund 5,4 Euro) zahlen. Die Briten initiierten den Handel im Frühjahr 2001 auf freiwilliger Basis. Unternehmen, die die zugewiesenen Emissions-Obergrenzen – durch Investitionen oder den Kauf von Umweltzertifikaten – unterschreiten, werden weit gehend von einer neu eingeführten Klimaschutzsteuer verschont. In der Europäischen Union sollen Unternehmen ab 2005 mit CO_2-Emissionen untereinander handeln können. Die EU-Umweltminister legten im Dezember 2002 die für den Kauf und Verkauf von „Verschmutzungsrechten" geltenden Regeln fest.

Amerikanische Unternehmen sind beim Emissionshandel besonders experimentierfreudig, obwohl die USA als größte Umweltsünder der Welt das Kyoto-Protokoll nicht mittragen wollen. Multinationale US-Konzerne scheinen jedoch realisiert zu haben, dass die Emissions-Rechtsprechung sie ebenfalls betreffen wird, unabhängig davon, ob die USA den Kyoto-Vertrag unterzeichnen oder nicht. Dass marktorientierte Lösungen funktionieren, hat sich in den Vereinigten Staaten bereits gezeigt. Hier handeln Firmen seit Jahren das Recht auf Wasserverschmutzung genauso wie das Recht auf Fischfangquoten. Besonders interessant sind die Erfahrungen beim Handel mit Emissionszertifikaten für den Schadstoff Schwefeldioxid (SO_2). Um den sauren Regen zu bekämpfen, teilt die US-Regierung ihren Kraftwerksbetreibern seit 1995 handelbare SO_2-Verschmutzungsrechte zu, wobei die Politiker die Menge schrittweise reduzierten. Obwohl die US-Wirtschaft in den vergangenen Jahren beträchtlich gewachsen ist, wurden die aus den Schloten der Kraftwerke quellenden Giftmengen schneller und zu wesentlich niedrigeren Kosten als erwartet reduziert.

Zusammenfassend lässt sich feststellen, dass die dem Emissionshandel zugrunde liegende Logik bestechend ist: Sie nutzt alle Vorteile, die der Marktmechanismus zu bieten hat. Aus denselben Gründen wird sie jedoch wie der Wettbewerb moralisch infrage gestellt. Mit der Konzeption von Moral, wie wir sie entwickelt haben, kann man diese moralischen Bedenken als gegenstandslos betrachten, weil hiernach Profit und Moral kein Gegensatz sind. Mit mehr Moral Geld zu verdienen tut dem moralischen Charakter des Handelns keinen Abbruch.

Grundsätzlich muss man bei der Weigerung Einzelner – Individuen, Unternehmen, Staaten –, sich an moralisch motivierten Regelreformen zu beteiligen, zwei Gründe unterscheiden, die ethisch völlig unterschiedlich zu beurteilen sind. Unternehmen können sich verweigern, weil sie etwa grundsätzlich gegen den Umweltschutz sind; sie können sich aber auch deswegen verweigern, weil nicht sichergestellt ist, dass auch die anderen mitmachen, und sie deswegen Ausbeutung befürchten müssen. Ersteres ist moralisch verwerflich, Letzteres aber nicht: Eine Moral, die die moralischen Akteure nicht vor Ausbeutung durch die Konkurrenz schützt, ist zutiefst unmoralisch. Und dieser Schutz moralischen Verhaltens vor der Ausbeutung durch Konkurrenten ist nicht eine Sache der Tugend der Konkurrenten, sondern Aufgabe der institutionellen Ordnung, die alle Konkurrenten denselben Moralstandards in Form von sanktionsbewehrten Regeln unterwirft.

Dass es bei der Implementierung des Handels mit Verschmutzungsrechten viele Probleme gibt, wird keineswegs bestritten: Eine Rahmenordnung für selbststeuernde Märkte zu errichten war und ist immer mit vielen Detailproblemen behaftet und erfordert harte Arbeit. Da ihre Realisierung zwar nicht ausgeschlossen ist, die dabei auftretenden Probleme im Zuge der Globalisierung jedoch wie bereits erwähnt zugenommen haben, wird die zweite Strategie, die Wettbewerbsstrategie, immer wichtiger.

Die Wettbewerbsstrategie: Das Beispiel „EthikManagement der bayerischen Bauindustrie"

Im Rahmen der Wettbewerbsstrategie ist moralisches Handeln für Unternehmen vorteilhaft, wenn sie daraus einen Vorsprung gegenüber der Konkurrenz erzielen können. Dies ist etwa der Fall, wenn ein Unternehmen aufgrund freiwilligen Umweltschutzes und einer guten Unternehmenskultur als attraktiver Geschäftspartner angesehen wird. Der Wettbewerbsvorteil kann sich in neuen Aufträgen, in besonders qualifizierten und motivierten Mitarbeitern, geringen Fehlzeiten oder im Börsenkurs und anderen Rankings

niederschlagen. In diesem Falle wird das Unternehmen allein aktiv, verpflichtet sich auf bestimmte
Moralstandards, auf „Werte", und kommuniziert diese
 an die Interaktionspartner, an Mitarbeiter, Kapital-
geber, Banken, Öffentlichkeit, Politik und Medien. Es
liegt also eine individuelle Selbstbindung vor. Ein
Unternehmen erwirbt dadurch Reputation – davon ist
im Beitrag von Heinrich v. Pierer immer wieder die
Rede. Moralische Vor- und Mehrleistungen sind hier
keine „Kosten", sondern eine Investition in nachhaltige Renditen, auch wenn die Zurechnung der Erträge
auf konkrete moralische Entscheidungen schwierig
ist.

Die Wettbewerbsstrategie kann auch von einer
Gruppe von Unternehmen – etwa einer Branche – gemeinsam verfolgt werden, um die Reputation dieser
Gruppe wiederherzustellen oder zu vergrößern. Die
Gruppe kann sich selbst eine Art „Rahmenordnung"
auferlegen, wobei der Unterschied zur ordnungspolitischen Strategie darin besteht, dass die Gruppe hier
auf die Absicherung der Regeln durch das staatliche
Gewaltmonopol verzichten muss. Als Beispiel für eine
derartige Selbstorganisation einer Branche soll hier auf
das Ethikmanagementsystem der bayerischen Bauindustrie hingewiesen werden. Das Beispiel spielt sich
im nationalen Rahmen ab, jedoch gelten die skizzier-
ten Vorteile sowie die auftretenden strukturellen Probleme auch im internationalen Rahmen für die
Zusammenarbeit von Unternehmen verschiedener
Heimatländer.

Das „EthikManagement der bayerischen Bauindustrie" wurde Mitte der 1990er-Jahre angestoßen –
zu einem Zeitpunkt, als die bayerische Bauindustrie

aufgrund illegaler Absprachen, Submissionsbetrug und Korruption mit der Folge zahlreicher Inhaftierungen führender Manager in einer schweren Krise steckte. Die Wiederherstellung des Vertrauens sowohl seitens der Vertragspartner als auch seitens der Öffentlichkeit war zu dieser Zeit oberstes Gebot.

Das selbst auferlegte Ethikmanagementsystem zielte vor allem darauf, die Beachtung moralischer Standards im Alltagsbetrieb der Bauwirtschaft dadurch zu realisieren, dass diese Standards permanent auf der Agenda der teilnehmenden Unternehmen standen. Moral sollte auf diese Weise in den Organisations- und Managementprozess der Unternehmen integriert werden. Das System basiert auf drei Säulen:

Das *Werteprogramm* verfolgt das Ziel, sicherzustellen, dass die Gesetze und formellen Standards korrekt und strikt eingehalten werden und Fairness unter allen Beteiligten herrscht. Dazu gehören unter anderem die Vereinbarung und Propagierung von Verhaltensstandards sowie deren Integration in den Arbeitsvertrag und die personale Verantwortung des Einzelnen, ganz besonders des „Chefs".

Die zweite Säule ist das *Wertesystem*. Es baut auf dem Werteprogramm auf und verfolgt das Ziel eines umfassenden ethischen Qualitätsmanagements. Als Kooperationspartner werden etwa Unternehmen gewählt, die ebenfalls ein Werteprogramm haben. Die Unternehmen unterziehen sich freiwillig internen und externen Auditprogrammen. Sie sensibilisieren ihre Mitarbeiter in Trainings für ethische Probleme. Daneben wurden in den Unternehmen spezielle Anlaufstellen zur Klärung ethischer Fragen geschaffen, etwa eine Ombudsperson oder eine Hotline für Mitarbeiter.

Parallel dazu wurde als dritte Säule der *Trägerverein „EthikManagement der Bauwirtschaft e.V."* gegründet, in dem alle am Ethikmanagement teilnehmenden Unternehmen Mitglied sind. Dieser Verein ist verpflichtet, in Wertefragen zu beraten, Richtlinien des Qualitätsmanagements zu formulieren und ordnungspolitische Initiativen zu starten. Daneben ist er berechtigt, ein Zertifikat zu vergeben – Grundlage hierfür ist ein externes Audit, das alle drei Jahre durchgeführt werden muss.

Aus dem Beispiel wird deutlich, dass sich eine Branche auf dem Wege der Selbstorganisation in der Regel nur dann freiwillig moralische Standards auferlegen wird, wenn einerseits Druck vorhanden ist – in diesem Fall war die Reputation der Branche an einem Tiefpunkt angelangt – und andererseits praktikable Verbesserungsvorschläge zu haben sind.

Das EthikManagement der bayerischen Bauindustrie gilt nach mehr als fünfjähriger Bewährung als Erfolg. Die Branche hat das Vertrauen ihrer Kunden, der Öffentlichkeit und ihrer Mitarbeiter wiedergewonnen. Die bayerische Bauindustrie ist erneut ein gesuchter Gesprächspartner der Politik geworden. Der Gesetzgeber ist grundsätzlich bereit, durch Änderungen der Rahmenordnung die vor allem auf einer Selbstbindung beruhende Initiative ordnungspolitisch zu unterstützen. Einer der bedeutendsten Erfolge des Vereins EthikManagement der Bauwirtschaft besteht etwa in der Durchsetzung des Vorschlags, dass bei öffentlichen Ausschreibungen Angebote in zweifacher Ausfertigung abgegeben werden müssen, von denen ein Exemplar unter Verschluss genommen wird: Auf diese Weise kann nachträgliche Manipulation des Angebots verhindert und Fairness im Wettbewerb gefördert werden.

Ein derartiges Ethikmanagementsystem hat jedoch auch seine Grenzen. Nicht alle Firmen einer Branche werden sich freiwillig beteiligen, sodass für die Mitglieder – etwa in Bezug auf die durch die Selbstverpflichtung entstehenden Kosten – ein Wettbewerbsnachteil gegenüber weniger moralischen Konkurrenten entstehen kann. Für diese ist es grundsätzlich umso reizvoller, sich nicht der freiwilligen Übereinkunft anzuschließen, je mehr Unternehmen dies bereits getan haben. Hinzu kommt, dass etwa die Mitgliedschaft in dem Verein EthikManagement der Bauwirtschaft keine Garantie dafür ist, dass in dem betreffenden Unternehmen keine Unregelmäßigkeiten mehr vorkommen. Dennoch bleibt der ganze Prozess unter Kontrolle. Insofern ist der Fall ein gutes Beispiel dafür, dass selbst auferlegtes moralisches Verhalten Teil einer auf dem Vorteilsstreben beruhenden Moralstrategie sein kann.

Die Entwicklung einer sozialen Ordnung für die Weltgesellschaft

Wie gezeigt, wird es für einzelne Staaten immer schwieriger, das Verhalten der Wirtschaft über formelle Gesetze zu regulieren. In der globalisierten Wirtschaft gibt es bisher bestenfalls Ansätze zu einer einheitlichen Weltrahmenordnung. Das bedeutet jedoch nicht, dass die Entwicklung einer sozialen Ordnung für die Weltgesellschaft nicht möglich wäre. Daran werden in Zukunft vor allem drei Akteure teilhaben:

die Governments (Staaten, Staatengemeinschaften, politische internationale Organisationen, aber auch die großen Kommunen), die internationalen Unternehmen und die NGOs.

Gegenwärtig sind vier Milliarden Menschen von den produktiven Interaktionen der Weltgesellschaft ausgeschlossen. Damit bleiben nicht nur gewaltige Ressourcen ungenutzt. Sie werden darüber hinaus zunehmend zu Kosten- und Störfaktoren, zu einer Grundlage für Terrorismus, armutsbedingte Migrationen, Kriege, Seuchen, Bevölkerungsexplosion, Umweltverschmutzung, Kriminalität und Drogenwirtschaft.

Die Nationalstaaten, allgemeiner die Governments, sind mit der Aufgabe, diese vier Milliarden Menschen zu potenten Marktteilnehmern zu entwickeln, hoffnungslos überfordert. Das bedeutet jedoch nicht, dass sie ihre Bedeutung nach und nach verlieren würden. Nationalstaaten werden bestimmte Verantwortlichkeiten, etwa Polizeiaufgaben, in jedem Fall auch in Zukunft übernehmen. Die Aufgabe der Steuerung internationaler Interaktionen muss jedoch zwischen „Wirtschaft" und „Staat" neu aufgeteilt werden. Die Wirtschaft wird insbesondere die Feinsteuerung der Selbstorganisation der Beteiligten übernehmen müssen. Das liegt nicht am „Staatsversagen", wie die überkommene Theorie nahe zu legen scheint, sondern einfach an der gewaltigen Zunahme des Steuerungsbedarfs. Grundsätzlich gilt, dass es bei dieser Aufgabe nicht nur um Umverteilung geht, nicht um Opfer, die der Staat den Bürgern, und besonders den Unternehmen, abverlangt, um die Dritte Welt zu entwickeln. Bildlich gesprochen geht es nicht darum, die Produktion einer Backstube gerechter zu verteilen, sondern darum, die Backstube zu vergrößern, damit alle in ihr Platz haben und ihr eigenes Brot backen können.

Unternehmen sollten sich dieser Situation stellen und die daraus erwachsenden neuen Aufgaben offensiv angehen. Sie sind heute faktisch dominante Spieler bei der Entwicklung einer neuen Weltordnung, und sie können diese Rolle nicht ablehnen. Kofi Annan, der Generalsekretär der Staatengemeinschaft, hat die Unternehmen zur Mithilfe bei der Realisierung von Menschenrechten und Umweltschutz aufgerufen. Unternehmen haben nur die Wahl, diese Aufgabe gut oder schlecht, kompetent und transparent oder stümperhaft und privat (Lobbyismus) zu erledigen.

Voraussetzung für die erfolgreiche Bewältigung der Aufgabe, eine Weltordnung aufzubauen, ist erneut, dass damit für Unternehmen grundsätzlich kein Verzicht auf ihr Vorteilsstreben verbunden ist – Unternehmen können keine „Opfer" bringen. Also muss eine neue Weltordnung, von der auch die „Armen" profitieren, im Windschatten des Vorteilsstrebens der Unternehmen entstehen.

Problematisch könnte dabei werden, dass ihre Entwicklung zunächst einmal Investitionen nötig macht und der Prozess einen Zeithorizont von mindestens zwei bis drei Generationen erfordert. Das Vorteilsstreben der Unternehmen ist heute jedoch oft noch nicht nachhaltig genug. Unter nachhaltigem Vorteilsstreben ist ein Gewinnstreben zu verstehen, das langfristig rechnet und den kooperativen, sozialen Bedingungen eines erfolgreichen Vorteilsstrebens (zum Beispiel infolge von Arbeitsteilung) Rechnung trägt.

Was ist im Einzelnen erforderlich, damit Unternehmen ihr Gewinnstreben in diesem Sinne nachhaltig machen können? Wo liegen die Schwierigkeiten? Lösungsansätze dieses Problems könnten zum einen in der Erweiterung des Zeithorizonts unternehmerischer Entscheidungen liegen, zum anderen in einer stärkeren Berücksichtigung der Notwendigkeit, den sozialen Frieden zu sichern.

Mit der Zukunft rechnen

Ein zentrales Problem der aktuellen Unternehmenspolitik – wie auch der Politik allgemein – ist der kurze Zeithorizont vieler Entscheidungen: Interne Aufstiegschancen werden etwa an Quartalszahlen festgemacht statt an langfristigen Zielen und sozialer Kompetenz. Legen Analysten dieselben Beurteilungskriterien zugrunde, werden systematisch Fehlanreize ausgesandt, die sich in unangemessenen Aktienkursen widerspiegeln. Hätte Siemens eine solche kurzfristige Unternehmenspolitik verfolgt, hätte der Konzern zum Beispiel die Medizintechnik, die heute Gewinne macht, vor zehn Jahren abstoßen müssen.

Ein Unternehmen, allgemeiner eine Organisation, besteht nicht aus Individuen mit begrenzter Lebenserwartung, sondern aus Positionen und Stellen. Geht ein Positionsinhaber etwa in Pension, bleibt die Stelle erhalten und wird neu besetzt. Strukturell sind moderne Unternehmen auf quasi ewiges Bestehen angelegt, jedenfalls auf Zeithorizonte, die die Lebenserwartung von Individuen weit übersteigen. Unternehmen müssen sich stärker an diesem Grundgedanken orientieren, wenn sie zukunftsfähig bleiben wollen.

Diese langfristige Perspektive sollte grundsätzlich

auch den Anlegern zu vermitteln sein, da sich künftige Erträge von Unternehmen – etwa aus der Integration der vier Milliarden Menschen, die derzeit noch abseits stehen – heute bereits in Form steigender Börsenkurse realisieren lassen, was auch den Managern Vorteile bringt. Langfristige Unternehmenspolitik lässt sich von den Anlegern heute schon zu Geld machen, ist also bares Geld wert. Darum ist sie ökonomisch tragfähig und im Prinzip von den Shareholdern gewollt. Einen analogen Mechanismus gibt es in der Politik nicht, sodass hier eine Langfristorientierung kaum mit entsprechenden Anreizen auszustatten ist. Diese Überlegungen sollten in einer Modifikation der Beförderungskriterien und der Bewertungskriterien für börsennotierte Unternehmen resultieren. Dabei spielen dann zunehmend auch Umwelt- und Ethik-Rankings eine Rolle: So unvollkommen diese heute noch sind, der Weg ist prinzipiell richtig.

Neue Formen institutioneller Zusammenarbeit

Die zweite unabdingbare Voraussetzung für die Nachhaltigkeit der Gewinnerzielung bildet eine verlässliche soziale Ordnung. Insbesondere in Deutschland sind die Unternehmen in diesem Punkt verwöhnt. Infrastruktur, Ausbildung und soziale Sicherung wurden ihnen vom – preußischen – „Staat" über Jahrzehnte frei Haus geliefert. Das war nicht immer so, und im Moment machen sich die ersten Auswirkungen der Auflösung dieser sozialen Struktur bemerkbar. Daraus folgt: Die Unternehmen sollten um der Nachhaltigkeit ihrer Gewinnerzielung willen bedeutende Ressourcen in die Entwicklung einer sozialen Ordnung für die

Weltgesellschaft investieren. Zwar ist die Zurechnung
von Erträgen auf solche Investitionen schwierig, aber
es kann grundsätzlich nicht bestritten werden, dass sie
Erträge bringen.

Eine Reihe von Unternehmen betätigt sich bereits
in diesem Feld: Sie sorgen selbst für Ausbildung, Infrastruktur und soziale Sicherung. Die bisherigen Be-
mühungen sind jedoch überwiegend lokaler Natur
und durchweg unkoordiniert. Viele Firmen sehen diese Aufgabe noch immer traditionell als Sache der Governments. Zudem ist der Gedanke neu, in diesen Be-
langen mit anderen Unternehmen, die Konkurrenten
sind und bleiben, zu kooperieren.

Die Suche nach neuen Formen der Zusammenarbeit wird jedoch ein wichtiger Bestandteil des Aufbaus
einer sozialen Ordnung für die Weltgesellschaft werden müssen. Unternehmen werden mit Governments
kooperieren. Dazu zählen sowohl die Nationalstaaten
als auch Zusammenschlüsse von Staaten wie die Europäische Union. Internationale staatliche Institutionen
wie die UN oder die WTO fallen genauso darunter
wie die Kommunen und die großen Metropolen dieser
Welt. Der dritte wichtige Spieler sind die Nichtregierungsorganisationen (NGOs), die sich auf nationaler
und internationaler Ebene für Menschenrechte, Umweltschutz, Korruptionsbekämpfung und andere Belange einsetzen. Eine enge Zusammenarbeit mit ihnen
wird für Unternehmen – wie auch für die Governments – immer wichtiger.

NGOs sind eine relativ neue Erscheinung. Sie
haben in den vergangenen vier bis fünf Jahrzehnten
immer mehr an Bedeutung gewonnen. In unserem
klassischen Nationalstaatsparadigma sind NGOs

nicht vorgesehen; sie haben dort den Status von Interessengruppen, die sich im Rahmen der Koalitionsfreiheit gebildet haben. Ursprünglich hat man ihnen jedoch nicht die Erledigung öffentlicher Aufgaben zugedacht. Auf großen Konferenzen, die die Staatengemeinschaft international organisiert, spiegelt sich dies häufig darin wider, dass NGOs zwar eingeladen werden, dann aber gewissermaßen am „Katzentisch" Platz nehmen müssen und von den offiziellen Beratungen ausgeschlossen sind. Viele Unternehmen tun sich heute noch sehr schwer, mit NGOs zusammenzuarbeiten. In ihrer Wahrnehmung sind NGOs die geborenen Feinde und Kritiker. Die Tatsache, dass gegen und ohne sie in der globalen Welt nichts mehr geht, scheint erst langsam in das Bewusstsein vieler Manager einzusickern.

NGOs haben zwei wesentliche Funktionen. Zum einen haben sie heute den Status erlangt, als Sprecher für große Gruppen aufzutreten, die sich selbst nicht organisieren und nicht artikulieren können. So tritt etwa Amnesty International für politisch Verfolgte und Inhaftierte ein, Greenpeace und andere Umweltorganisationen für die „Natur", während sich Religionsgemeinschaften und Kirchen für die Interessen indigener Völker, sozial Schwacher und Unterdrückter einsetzen. Zum Zweiten haben NGOs in der überwiegenden Zahl eine besondere Sensibilität für die humanitären, normativen Probleme entwickelt, die mit den in dramatischer Geschwindigkeit ablaufenden Modernisierungs- und Globalisierungsprozessen einhergehen. Damit spielen sie eine sehr wichtige Rolle für die Entwicklungsfähigkeit moderner Gesellschaften: Der Soziologe Niklas Luhmann, der einer Steuerung der modernen Gesellschaft durch Moral sehr zurückhaltend gegenübersteht, spricht von der „Alarmierfunktion" der NGOs.

Grundsätzlich ist die Tendenz vieler NGOs zu kritisieren, sich frontal gegen „die Wirtschaft" und ihre Profitinteressen zu stellen, die sie oft für alle Übel dieser Welt verantwortlich machen. NGOs artikulieren zwar Probleme, aber ihre konkreten Lösungsvorschläge zeichnen sich häufig nicht durch besonders große Sachkenntnis aus, und die zu beobachtende Militanz mancher NGOs ist eher kontraproduktiv.

In den vergangenen Jahren haben sich die Fronten zwischen beiden Seiten verhärtet – eine sehr unbefriedigende Situation. Einige Politiker und weitsichtige Manager haben – beispielsweise auf den letzten Treffen des World Economic Forum in Davos – daraus die Konsequenz gezogen, vorsichtig, aber durchaus offensiv den Weg eines Diskurses mit den NGOs zu beschreiten. Dadurch werden die NGOs grundsätzlich anerkannt und zu Partnern bei der Entwicklung der sozialen Ordnung für die Weltgesellschaft aufgewertet. Politik und Wirtschaft sollten die Sensibilität dieser Gruppen für neu entstehende Probleme nutzen und sie in die professionelle Debatte über Lösungsmöglichkeiten einbeziehen. Dies ist im Interesse beider Seiten: Die NGOs haben bessere Chancen, ihre Interessen durchzusetzen, und die Wirtschaft wird frühzeitig auf Probleme aufmerksam, deren sie sich annehmen muss, wenn sie gewaltige Reibungsverluste bei der Verfolgung ihrer Gewinninteressen vermeiden will. Insofern können beide Seiten voneinander lernen. Einige NGOs haben ihrerseits daraus die Konsequenz gezogen, sich mit Sachkunde und Verständnis für die Systemimperative der Wirtschaft in den Prozess einzubringen – ohne Transparency International etwa wären wir in der Korruptionsbekämpfung nicht so weit gekommen –, und die Wirtschaft erkennt inzwischen diese Initiativen an.

Das Entwickeln einer sozialen Ordnung für die Weltgesellschaft ist eine Aufgabe für Generationen. Um den Nationalstaat mit Rechtsstaatlichkeit, Marktwirtschaft und Demokratie zu seiner heutigen Leistungsfähigkeit zu entwickeln, haben wir in Europa weit mehr als 500 Jahre gebraucht. Eine allgemein akzeptierte soziale (Welt-)Ordnung zu schaffen, für die der Nationalstaat nicht mehr die Blaupause abgeben kann, ist schwierig. Es ist Aufgabe der Wissenschaft, die Erforschung dieser Problemstrukturen voranzutreiben.

Die Zurückhaltung der Unternehmen hatte in der Vergangenheit noch einen weiteren, durchaus plausiblen Grund: Die Gefahr, dass Investitionen in anderen Ländern in der Folge von sozialistischen Regimewechseln der Enteignung anheim fielen, war nicht von der Hand zu weisen. Dieser Grund ist aber mit dem Zusammenbruch des Sozialismus entfallen. Worauf warten wir dann noch?

Und welche Rolle spielt die Moral?

Abschließend bleibt die Frage, welche Rolle die Moral des Einzelnen spielt, wenn vor allem die Rahmenbedingungen gemeinwohlschädliches Verhalten unattraktiver machen sollen. Ein grundlegender Einwand besagt, dass bei dieser Sichtweise für eine individuelle

moralische Motivation, für persönliche „Tugend",
kein Raum und kein Bedarf bleibt, dass die individuelle moralische Motivation durch die positiven oder
negativen Anreize (Belohnungen und Sanktionen) ge-
schwächt oder sogar zerstört wird. Bleibt also zu beantworten, welche Rolle normativen Leitideen wie der
Würde des Menschen, der Gerechtigkeit, der Solidarität aller Menschen oder der individuellen Tugend in
der modernen Gesellschaft noch zukommt.

Zum einen bedarf jede, auch eine moderne, Ethik
der regulativen Ideen von Gut und Böse, von Würde,
Gerechtigkeit und Solidarität, und zwar in zweifacher
Hinsicht: Einerseits setzt das Erkennen und Identifi-
zieren von Missständen bereits einen intuitiven Vorbe-
griff von Moral voraus, und andererseits erfordern die
Gestaltung, Reform und Weiterentwicklung institu-
tioneller Ordnungen solche normativen Konzepte.
Aber diese Ideen haben den Status von Intuitionen,
sie sind keine Handlungs-, sondern eher Such- oder
Denkanweisungen. Die konkrete Ausgestaltung im
Lichte dieser normativen Ideen bedarf detaillierter
Sachkenntnis und der Einsicht in die Wirkungsmecha-
nismen einzelner Regelungen.

Zum Zweiten wissen wir aus der neueren ökonomischen Theorie, dass Vereinbarungen und Verträge
in der modernen Gesellschaft systematisch unvoll-
ständig beziehungsweise offen sind insofern, als Leistungen und Gegenleistungen nicht im Vorhinein in allen Einzelheiten und für alle Eventualitäten festgelegt
werden können. Auch in diesem Fall bedarf es indivi-
dueller Moral, „Tugend", damit die Interaktionen im
Geist des Vertrages und nicht allein dem Buchstaben
nach vollzogen werden können. Aber auch hier gilt,

dass „Tugend" nicht bedeutet, diese Handlungen „um ihrer selbst willen" auszuführen. Vielmehr zielen auch solche tugendhaften Handlungen auf Glaubwürdigkeit, Reputation und daraus folgende Erträge und haben in diesen Zielen ihren Grund. Auch eine institutionelle Moral funktioniert umso besser, je weniger die Beteiligten Gelegenheiten ausnutzen, geltende Regeln zu verletzen, sobald keine Sanktionen zu erwarten sind.

Aus all dem folgt, dass man nicht individuelle Moral und institutionell gestaltete Anreizmechanismen gegeneinander ausspielen kann. Vielmehr verlangt Moral unter den Bedingungen der modernen Welt, insbesondere unter Wettbewerbsbedingungen, der institutionellen Stützung.

Als Ergebnis können wir festhalten:

- Die institutionelle Sicherung moralischen Verhaltens beseitigt nicht die Moral, sondern ermöglicht sie.
- Keine Ethik, am wenigsten eine christliche Ethik, kann vom Einzelnen verlangen, dass er dauerhaft und systematisch gegen seine vitalen Interessen verstößt.
- Eine Ethik, die das Problem der Ausbeutbarkeit moralischen Verhaltens im Wettbewerb nicht löst, muss in der modernen Welt versagen.

Damit sollte die in der Öffentlichkeit immer wieder gestellte Diagnose widerlegt sein, der Verfall der Moral sei die Folge eines Werteverfalls. Unternehmen können bedeutende Motivationskräfte freisetzen, wenn es ihnen gelingt, dieses Missverständnis aufzuklären und den Ein-

zelnen Sinn und Moral der modernen Wirtschaft und
Gesellschaft zu vermitteln. Das grundsätzliche morali-
sche Einverständnis der Einzelnen mit dieser modernen
Gesellschaft setzt die Einsicht in ihre grundlegenden
Funktionszusammenhänge voraus. Sie müssen verste-
hen, dass und warum Wettbewerb solidarischer ist als
Teilen, dass und warum Unternehmen im Wettbewerb
nicht „opfern", aber sehr wohl „investieren" können.

Nachhaltige Gewinnerzielung ist auf die grundsätzliche normative Akzeptanz der Unternehmen durch die
Gesellschaft angewiesen. Andernfalls entstehen immense
ökonomische Schäden, weil die Kritiker besten Wissens
und Gewissens Widerstand leisten. Unternehmen, die
ihre gesellschaftspolitischen Aufgaben nicht entschlossen
angehen, müssen mit massiven, ihre Gewinnchancen
schmälernden Gegenreaktionen rechnen. Moralisch empörte Gesellschaften, die militant zu werden drohen, und
von blindem Aktionismus getriebene staatliche Überre-
gulierungen bilden nicht das Klima, in dem sich nachhaltig Gewinne erzielen lassen.

GERTRUDE LÜBBE-WOLFF

Die Durchsetzung moralischer Standards in einer globalisierten Wirtschaft

Moralpredigten gegen die Versuchungen des Wettbewerbs?

Wie die bisherige Diskussion gezeigt hat, kann unmoralisches Verhalten im Wettbewerb vorteilhaft sein. Wer notwendige Umweltschutzmaßnahmen unterlässt und damit Investitionen spart, wer durch Nichtbeachtung von Arbeitsschutzvorschriften Arbeitskosten senkt, wer sich Aufträge durch Bestechung oder durch Beteiligung an Angebotskartellen verschafft, kann damit Wettbewerbsvorteile gegenüber Konkurrenten erlangen. Je weiter solche Praktiken sich ausbreiten, desto mehr wächst der wettbewerbliche Druck, mitzumachen. Im Extremfall kann sich auf dem Markt nur noch behaupten, wer bereit ist, moralische Bedenken gegen Umweltfrevel, Ausbeutung oder korruptive Praktiken hintanzustellen.

In der Zeit vor der Liberalisierung des Güterkraftverkehrsmarktes, als man für den gewerblichen Betrieb von LKWs zur Beförderung von Gütern für Dritte noch Lizenzen benötigte, die aus einem beschränkten Kontingent vergeben wurden, kursierte das Gerücht, dass man in Deutschland keine solche Lizenz mehr bekommen könne, ohne einige Scheine zwischen die Antragspapiere zu legen. Ob dieses Gerücht nun stimmte oder nicht: Es illustriert, dass es zu einer regelrechten Unvereinbarkeit von Moralität und Marktteilnahme kommen kann. Ein Spediteur kann unter den Bedingungen, die das Gerücht behauptet, zwar moralische Grundsätze hochhalten und seinen Antrag ohne die obligaten Scheine einreichen. Er wird dann aber nicht mehr lange Spediteur sein, weil seine Lizenzen nicht erneuert werden. Und er wird sich nicht einmal damit trösten können, mit seinem heroischen Akt das Ausmaß der Korruption reduziert zu haben: Statt seiner Scheine werden die Scheine eines anderen den Behördenapparat schmieren. Es ist offensichtlich, dass moralische Empörung und moralische Appelle unter solchen Umständen wenig helfen. Im Gegenteil: Bloßes Moralisieren an aussichtsloser Stelle ist selbst eine Form der Heuchelei, diskreditiert die Moral, die da im Munde geführt wird, fördert den Zynismus und trägt so nur zum weiteren Niedergang moralischer Maßstäbe bei. Das Einzige, was in derartigen Fällen hilft, ist die entschiedene Veränderung der institutionellen Rahmenbedingungen; in unserem Beispielfall: entweder die Abschaffung der Lizenzpflicht oder die Schaffung eines transparenten Zuteilungsverfahrens mit klaren Zuteilungsregeln und wirksamen Kontroll- und Sanktionsmechanismen, mithilfe deren die Beteiligten die Einhaltung der Regeln kontrollieren und notfalls erzwingen können.

Vorbehalte gegen institutionelles Denken

Mit angemessenen Reaktionen dieser Art tun wir uns in Deutschland schwer. Hegels Lektion, dass sittliches Verhalten nur in vernünftigen Institutionen möglich und dass Missständen besser mit vernünftigen Institutionen als mit Moralpredigten beizukommen ist, scheinen wir nicht wirklich gelernt zu haben. Institutionelles Denken – das Nachdenken darüber, wie man die Rahmenbedingungen so gestalten kann, dass Menschen sich aus eigenem Interesse verhalten, wie sie sich im Interesse der Allgemeinheit verhalten sollten – ist in der ökonomischen Wissenschaft zu Hause. In der deutschen Alltagskultur und auch in der deutschen politischen Kultur scheint es dagegen bis heute nicht wirklich angekommen zu sein. Die Ökonomie ihrerseits hat diese Denkweise nicht von Hegel übernommen, sondern aus der angelsächsischen Tradition, in der sie mit einem nüchternen Modell des Menschen korrespondiert: Man unterstellt, dass Menschen darauf aus sind, ihren eigenen Vorteil zu maximieren, und bemüht sich daher, Institutionen so einzurichten, dass diese menschliche Neigung in gemeinverträgliche Bahnen gelenkt wird.

In Deutschland stößt dieses Menschenbild auf moralisch aufgeladene Ablehnung. Die Unterstellung, es könnte besonderer positiver oder negativer Anreize bedürfen, um Ärzte zu einer optimalen Patientenversorgung, Patienten zur kostenbewussten Inanspruchnahme von Gesundheitsdienstleistungen, Lehrer zur Erteilung anspruchsvollen Unterrichts, Arbeitnehmer zum Verzicht aufs Krankfeiern bei guter Gesundheit,

Unternehmer zur Vermeidung von Umweltschäden, Beamte oder Politiker zur Zurückweisung korruptiver Angebote zu motivieren, gilt in Deutschland als eine Art Verleumdung und damit selbst als Moralverstoß.

Sehr häufig bin ich dieser Grundhaltung im Rahmen meiner Beschäftigung mit umweltpolitischen Themen begegnet. So zum Beispiel bei einer Tagungsdiskussion über EMAS, das europäische Umwelt-Audit-System (ECO Management and Audit Scheme). EMAS ist ein Zertifizierungssystem, im Rahmen dessen Unternehmen – freiwillig – ein Umweltmanagementsystem einrichten und prüfen, ob sie die geltenden Umweltvorschriften einhalten. In der Diskussion ging es darum, ob der Staat die Teilnahme an diesem System honorieren soll, indem er bei den betreffenden Unternehmen auf eigene, behördliche Kontrollen prinzipiell verzichtet. Diskussionsteilnehmer aus der Wirtschaft befürworteten das. Ich sprach mich dafür aus, es in das Ermessen der Behörden zu stellen, ob und inwieweit sie vorgeschriebene Routinekontrollen auch bei EMAS-zertifizierten Unternehmen vornehmen. Ein vollständiger Verzicht auf behördliche Kontrollen – praktisch also ein Verbot für die Behörden, EMAS-Betriebe zu überprüfen – könne die Funktionsfähigkeit des Systems gefährden. Man müsse bedenken, dass jedes Unternehmen sich seinen Gutachter frei wählen und einen einmal gewählten Gutachter auch wieder auswechseln könne. Es seien deshalb Vorkehrungen erforderlich, um das System davor zu schützen, dass Gutachter, die ihre Aufgabe ernst nehmen und sorgfältig prüfen, sich am Markt nicht behaupten können. Unternehmen, die Wert darauf legten, die Zertifizierung auf möglichst kostengünstige

Weise notfalls auch ohne Einhaltung der gesetzlichen Voraussetzungen zu erlangen, könnten Gutachter, die es nach ihrem Geschmack „zu genau nähmen", sonst völlig risikolos durch Gefälligkeitsgutachter ersetzen. Mehrere Vertreter der Wirtschaft protestierten daraufhin mit scharfen Worten dagegen, dass den Unternehmen die Absicht unterstellt werde, Umweltvorschriften zu verletzen, und beschwerten sich über meine wirtschaftsfeindliche Haltung.

Bei einer Anhörung zum selben Thema, die eine Fraktion im Bayerischen Landtag veranstaltete, ging es ganz ähnlich zu: Als über die Missbrauchsmöglichkeiten gesprochen wurde, die bei vollständigem Verzicht auf behördliche Routineprüfungen eröffnet würden, sah der anwesende Industrieverbandsvertreter die gemeinsame Plattform kommunikativer Verständigung verlassen und drohte mit Abbruch der Diskussion; dass hier von tendenziell rechtswidrigem Verhalten ausgegangen werde, müsse er sich nicht bieten lassen. Bei fast jeder Diskussion zu diesem Thema begegnet man der Meinung, dass es Ausdruck einer wirtschaftsfeindlichen Grundhaltung und eine unangemessene Infragestellung der moralischen Integrität der in der Wirtschaft Tätigen sei, bei der Ausgestaltung des Umweltrechts und des umweltrechtlichen Vollzugssystems in Rechnung zu stellen, dass es wirtschaftliche Interessen an der Vermeidung vorgeschriebener Umweltschutzmaßnahmen gibt.

Mit ganz ähnlichen Vorbehalten hat man es auch zu tun, sobald Strategien gegen Korruption in Politik, Verwaltung und Wirtschaft entwickelt werden sollen. Es gehört zum tradierten Selbstbild der Deutschen, für Korruption unanfällig und in dieser Hinsicht ein

Vorbild für andere zu sein. Die Erkenntnis, dass auch
wir auf diesem Gebiet ein Problem haben, war deshalb
in Deutschland nur schwer zu etablieren. Bestrebun-
gen, die Abgeordnetenbestechung unter Strafe zu stellen, stießen zunächst unter anderem deshalb auf Widerstand, weil die Politik sich dadurch als korrupt
oder jedenfalls korruptionsgeneigt gebrandmarkt sah.
Die Einführung wirksamer Mechanismen zur Korruptionsbekämpfung in öffentlichen Verwaltungen
stößt ebenfalls regelmäßig auf den Einwand, man dür-
fe die Verwaltungsmitarbeiter doch nicht „unter Ge-
neralverdacht" stellen. Aufschlussreich ist auch die
traditionelle, in einem führenden Strafrechtskommen-
tar bis heute vertretene Lehre über den Schutzzweck
der strafrechtlichen Normen zur Bestechung von
Amtsträgern. Die in den §§ 331 ff. des Strafgesetzbuches unter Strafe gestellten Bestechungsdelikte, so
heißt es, gefährdeten das „Ansehen" des öffentlichen
Dienstes und das „Vertrauen" der Allgemeinheit in die
Sachlichkeit staatlicher Entscheidungen; dieser Ge-
fährdung wirkten die betreffenden Straftatbestände
entgegen. Die Annahme, dass es der vorrangige Sinn
dieser Bestimmungen sein könne, der Korruption
selbst entgegenzuwirken und nicht nur dem Anse-
hens- und Vertrauensverlust, der sich ergibt, wenn die
Bürger an der Unbestechlichkeit des öffentlichen
Dienstes zu zweifeln beginnen, galt traditionell und
gilt offenbar teilweise bis heute als unziemliches Be-
zweifeln der Bereitschaft öffentlich Bediensteter, sich
auch ohne Strafdrohung korrekt zu verhalten.

Mieses Menschenbild? – Ein Missverständnis!

Was das Thema Korruption in Politik, Verwaltung und Wirtschaft angeht, beginnt das Diskussionsklima sich inzwischen zumindest ansatzweise zu verändern. Zahlreiche Korruptionsskandale, die zähe Arbeit von Staatsanwälten und die Informationstätigkeit von Organisationen wie Transparency International haben die Realitätswahrnehmung verbessert. Auf dem Index wahrgenommener Korruption unter öffentlichen Amtsträgern (Corruption Perceptions Index), den Transparency International seit Mitte der 1990er-Jahre jährlich publiziert, sind auf den vorderen Plätzen, die ein niedriges Korruptionsniveau anzeigen, regelmäßig die skandinavischen Länder vertreten. Deutschland nahm auf dem Index des Jahres 2002 den 18. Rang ein, gleich hinter Chile. Die Illusion, dass wir, abgesehen von gelegentlichen medial aufgebauschten Fehltritten, keine relevanten Korruptionsprobleme hätten, lässt sich angesichts solcher Daten nicht mehr aufrechterhalten. Von vielen Seiten, unter anderem auch in einer großen Zahl wissenschaftlicher Untersuchungen, hat man das Problem erforscht und Vorschläge für einen vernünftigen institutionellen Umgang damit gemacht. Die öffentliche Diskussion des Themas ist aber nach wie vor eher von moralischem Lamento geprägt. Eines der Hindernisse für eine wirksame Problembewältigung bleibt also die verbreitete Abneigung gegen eine institutionelle Denkweise, die damit rechnet, dass Menschen korrumpierbar sind.

Woran liegt das? Was steckt dahinter, wenn Vertreter wirtschaftlicher, politischer, berufsständischer oder

sonstiger Interessen in der öffentlichen Diskussion die
Vorstellung von sich weisen, die Gruppe, die sie vertreten, könnte zur Absicherung ihrer moralischen
Standards institutionelle Rahmenbedingungen nötig
haben, die die Bereitschaft zu moralischem Handeln
unterstützen und unmoralisches Handeln unattraktiver machen? Handelt es sich um Naivität oder um
Heuchelei? Und woran liegt es, dass Äußerungen dieser Art nicht allgemein als entweder naiv oder aber
heuchlerisch gelten und deshalb in der öffentlichen
Diskussion mit Erfolg eingesetzt werden können?

Ich vermute, dass dem ein Missverständnis zugrunde liegt. Menschen, die von anderen immer nur
Schlechtes denken, stoßen auf berechtigte Abneigung.
Eine misanthropische Einstellung motiviert weder
den, der sie pflegt, noch andere, die damit konfrontiert
werden, zu wohlwollendem Verhalten. Im Gegenteil,
sie demoralisiert, und der Verdacht liegt nahe, dass,
wer so denkt und empfindet, nur von sich selbst auf
andere schließt. Die Annahme, dass institutionelles
Denken auf dieselbe Weise mit einem „hässlichen"
und demoralisierenden Menschenbild verbunden sei,
ist jedoch falsch.

Institutionelles Denken im hier vertretenen Sinn
setzt weder prinzipiell „gute" noch prinzipiell
„schlechte" Menschen voraus. Es geht einfach nur davon aus, dass sozialverträgliches oder gar -förderliches
Verhalten nicht von allen Menschen jederzeit und unter beliebigen Bedingungen „natürlicherweise" zu
erwarten ist. Die Bereitschaft dazu – so die weitere
Annahme – ist vielmehr durch die institutionellen
Rahmenbedingungen, insbesondere durch das geltende Recht und dessen praktische Anwendung, beein-

flussbar. Diese Rahmenbedingungen sollten folglich so ausgestaltet werden, dass sie korrektes Verhalten attraktiv, die Verletzung geltender Verhaltensstandards dagegen unattraktiv machen und wirksam bekämpfen. Kurz: Es sollte dafür gesorgt werden, dass möglichst nicht der Ehrliche – der, der sich korrekt verhält – der Dumme ist. Um das so zu sehen, muss man seine Mitmenschen keineswegs für im Allgemeinen „unehrlich" und nur auf die Maximierung ihrer Privatvorteile bedacht halten, wohl aber der Tatsache ins Auge sehen, dass inkorrektes Verhalten vorkommen *kann*. Rechtsregeln, die korrektes Verhalten fördern und inkorrektem wirksam begegnen wollen, müssen gerade auf diese Möglichkeit zugeschnitten sein.

Handlungsmöglichkeiten des Staates

Für den marktwirtschaftlichen Wettbewerb diejenigen Rahmenbedingungen zu setzen, die im Interesse seiner Funktionsfähigkeit und im Hinblick auf sonstige politisch definierte Belange der Allgemeinheit erforderlich sind, gilt traditionell als Aufgabe des Staates. Der Staat erfüllt diese Aufgabe in erster Linie durch Rechtsetzung: Er sichert die notwendige Verlässlichkeit der Güterzuordnung und der am Markt stattfindenden Transaktionen durch Eigentums- und Vertragsrecht. Monopolisierungstendenzen und Wettbewerbsverzerrungen tritt er mit den Mitteln des Wettbewerbsrechts entgegen. Güter, für deren Herstellung oder Schutz der marktwirtschaftliche Wettbewerb aus strukturellen Gründen nicht selbst in ausreichendem Maße sorgt, wie zum Beispiel die Gesundheit der abhängig

Beschäftigten oder die Integrität der natürlichen Umwelt, schützt der Staat durch Arbeitsschutzbestimmungen, umweltrechtliche Vorschriften und so fort. Mit all dem entwickelt, bekräftigt und stabilisiert der Staat zugleich Standards für (auch moralisch) richtiges Verhalten. Durch die Bildung und Ausgestaltung spezieller Institutionen (Schulwesen, soziale Sicherungssysteme, Abfallentsorgungssysteme etc.) schafft er überhaupt erst die Voraussetzungen dafür, dass Individuen und Unternehmen sich im Hinblick auf die Lösung bestimmter Probleme sinnvoll und richtig verhalten können.

Tatsächlich wird, wie man weiß, der Staat dieser Aufgabe nicht immer gerecht. Er greift hier zu weit und dort zu kurz. Zudem verengt der globalisierte Wettbewerb die Spielräume für isoliertes, unkoordiniertes gesetzgeberisches Handeln der einzelnen Staaten. Zwar sind die Nationalstaaten nach wie vor die zentralen rechts- und rahmensetzenden Instanzen. Eine unabgestimmte Nutzung ihrer Regelungsmacht können sie sich aber aus Wettbewerbsgründen immer weniger leisten. Das führt zur Entstehung eines immer enger werdenden Netzwerks internationaler Organisationen und Verträge. Ein typisches Beispiel für das notwendige Zusammenspiel nationaler und internationaler Politik und Rechtsetzung bietet die Bekämpfung der Korruption.

Die Durchsetzung moralischer Standards durch Rechtsetzung: Das Beispiel Korruptionsbekämpfung

Auf dem Gebiet der Korruptionsbekämpfung sind in den zurückliegenden Jahren auch in Deutschland einige Fortschritte gemacht worden. Ein wichtiger Fortschritt liegt schon darin, dass die Existenz des Problems nicht mehr – oder jedenfalls nicht mehr im selben Ausmaß wie früher – geleugnet wird. So konnte es auch zu einigen wichtigen Gesetzesänderungen kommen – allerdings teilweise nur unter dem Druck europäischer und internationaler Vorgaben und Entwicklungen.

Regelungsfortschritte

Mit dem Korruptionsbekämpfungsgesetz von 1997 wurden die Bestimmungen des Strafgesetzbuches für den Bereich der Korruption im öffentlichen Dienst erweitert. Einbezogen wurde in die betreffenden Straftatbestände insbesondere die Gewährung und die Annahme von Vorteilen für Dritte und von Vorteilen, die ohne Bezug zu einer bestimmten Amtshandlung – beispielsweise ganz allgemein für gute Zusammenarbeit – gewährt beziehungsweise entgegengenommen werden. In ähnlich erweiterter Form wurden die bis dahin im Gesetz über den unlauteren Wettbewerb geregelten Straftatbestände zur Bestechung und Bestechlichkeit im geschäftlichen Verkehr in das Strafgesetzbuch übernommen und die zuvor nur eingeschränkt strafrechtlich sanktionierbaren wettbewerbsbeschränken-

den Absprachen bei Ausschreibungen unter Strafe gestellt.

Umfangreiche Änderungen, die speziell der Bekämpfung der Korruption und der Sicherung eines fairen Wettbewerbs im Bereich der Vergabe öffentlicher
Aufträge dienen, hat mit dem 1999 in Kraft getretenen
Vergaberechtsänderungsgesetz auch das Vergaberecht
erfahren. Ein wesentlicher Fortschritt der neuen
Rechtslage besteht darin, dass das Interesse der durch
Vergaberechtsverstöße benachteiligten Mitwettbewer-
ber für die Durchsetzung der Vergabevorschriften
fruchtbar gemacht wird: Das Vergaberechtsänderungsgesetz räumt erstmals Bewerbern um öffentliche Aufträge ein einklagbares Recht auf Einhaltung der Ver-
gabebestimmungen ein. Gerade diese zentrale Neuregelung stieß allerdings in Deutschland jahrelang auf
Widerstände und wurde nach vorausgegangenen Ver-
meidungsversuchen erst eingeführt, als deutlich wurde, dass das europäische Vergaberecht keine andere
Lösung zulässt. Die Neuregelung reicht daher auch
nur so weit, wie es das europäische Recht unentrinn-
bar verlangt; vor allem betrifft sie nur Aufträge, deren
Wert die europarechtlich vorgegebenen Schwellenwer-
te – bei Bauaufträgen beispielsweise fünf Millionen
Euro – übersteigt.

In den USA ist durch den Foreign Corrupt Prac-
tices Act bereits 1977 auch die Bestechung staatlicher
Entscheidungsträger im Ausland strafbar gemacht
worden. Für die amerikanische Wirtschaft galten infolgedessen im internationalen Wettbewerb um Aufträge Beschränkungen, denen Konkurrenten aus anderen Ländern nicht unterlagen. Das Interesse der USA,
die damit für die eigene Wirtschaft verbundenen Wett-

bewerbsnachteile abzubauen, war der wesentliche Motor für die weitere Entwicklung. Vor allem auf Betreiben der USA wurde auf der Ebene der Organisation für Wirtschaftliche Zusammenarbeit und Entwicklung (OECD) die Konvention über die Bekämpfung der Bestechung ausländischer Amtsträger im internationalen Geschäftsverkehr erarbeitet und 1997 von zahlreichen Staaten unterzeichnet. Dieses Übereinkommen verpflichtet die Vertragsparteien, die geschäftliche Bestechung ausländischer Amtsträger durch Personen, die der eigenen Strafgewalt unterliegen, in vergleichbarer Weise wie die Bestechung eigener Amtsträger unter Strafe zu stellen. Auch Deutschland ist dieser Konvention beigetreten und hat 1998 zur Erfüllung seiner Konventionsverpflichtungen das Gesetz zur Bekämpfung internationaler Bestechung (IntBestG) erlassen, das zugleich mit der Konvention Mitte Februar 1999 in Kraft getreten ist. Erweiterungen der Strafbarkeit von Bestechungsdelikten waren auch mit dem so genannten EU-Bestechungsgesetz von 1998 verbunden, mit dem europäische Vereinbarungen zum Schutz der finanziellen Interessen der Europäischen Gemeinschaft in deutsches Recht umgesetzt wurden.

Die OECD-Konvention und ihre Umsetzung in den Vertragsstaaten bedeuten einen wichtigen Fortschritt in der Bekämpfung internationaler Wettbewerbsverzerrungen durch Korruption und eine wichtige Rückendeckung für die Integrität wirtschaftlichen Verhaltens von Unternehmen aus den Unterzeichnerländern. Weitere Schritte müssen aber noch folgen. Vor allem erstreckt die Konvention sich nicht auf die Bestechung im Geschäftsverkehr zwischen Privaten,

und sie macht keine Vorgaben, die sicherstellen oder
zumindest die Wahrscheinlichkeit erhöhen würden,
dass die konventionsgemäß erlassenen Strafbestimmungen in der Praxis auch effektiv angewandt werden.

Korruption im Steuerrecht

Die Probleme, die aus dem Konflikt zwischen moralischen Standards und der Furcht vor Wettbewerbsnachteilen im Falle ihrer Beachtung oder im Falle ihrer
Institutionalisierung als rechtliche Standards resultieren können, zeigen sich besonders anschaulich an der
Geschichte der steuerlichen Behandlung von Bestechungszahlungen.

Lange Zeit waren die USA das einzige Land, das
nicht nur die Bestechung ausländischer Amtsträger
unter Strafe stellte, sondern auch die allgemein übliche
steuerliche Begünstigung von Bestechungszahlungen
ablehnte. In Deutschland waren von Unternehmen
geleistete Bestechungsgeldzahlungen, ob sie nun im
Inland oder im Ausland erfolgt waren, bis 1996 uneingeschränkt als „nützliche Aufwendungen" steuerlich
absetzbar. Die Finanzbehörden durften Informationen über Bestechungsdelikte, die sie in diesem Zusammenhang erhielten, auch nicht an die Staatsanwaltschaften weiterleiten. Auf genauere Belege des steuermindernd geltend gemachten Zahlungsvorgangs, sogar
auf die Benennung des Zahlungsempfängers, wurde
oft verzichtet.

Mitte der 1990er-Jahre wuchs, wiederum vor allem
auf Betreiben der USA, der internationale Druck, diese
steuerliche Subventionierung der Bestechung aufzuge-

ben. Politische Kräfte innerhalb Deutschlands verstärkten diesen Druck. Der Antikorruptionsverband Transparency International spielte bei der öffentlichen Thematisierung des Problems eine wichtige Rolle, die Opposition forderte eine Änderung der Rechtslage, und in der öffentlichen Meinung war die Missbilligung der steuerrechtlichen Korruptionsförderung vorherrschend. Mit dem Jahressteuergesetz 1996 gab Deutschland dem Druck zunächst mit einer Regelung nach, die nur eine publikumswirksame Scheinkonzession darstellte: Beseitigt wurde nur die steuerliche Absetzbarkeit von Betriebsausgaben für Bestechungen, deretwegen rechtskräftig ein Bußgeld verhängt, ein Strafverfahren aus bestimmten strafprozessrechtlichen Gründen eingestellt oder eine rechtskräftige strafrechtliche Verurteilung erfolgt war. Solange diese Voraussetzungen nicht vorlagen, konnte weiter abgesetzt werden. In der Praxis war mit diesen Regelungen keine spürbare Einschränkung der steuerlichen Absetzbarkeit verbunden. Der einzige wirkliche Regelungsfortschritt bestand darin, dass die Finanzbehörden verpflichtet wurden, Tatsachen, die den Verdacht einer strafbaren Zuwendung begründeten, der Staatsanwaltschaft oder der Ordnungsbehörde mitzuteilen. Nach Angaben von Transparency International führte diese Regelung jedoch nicht zu einer entsprechenden Mitteilungspraxis der Finanzbehörden.

Der Rat der OECD verabschiedete im April 1996 eine Empfehlung zur steuerlichen Absetzbarkeit von Bestechungsgeldern an ausländische Amtsträger, mit der die Mitgliedstaaten der OECD zur Abschaffung der Abzugsfähigkeit gedrängt wurden. Die damalige Bundesregierung verharrte aber zunächst auf dem

Standpunkt, den auch Verbandsvertreter der Wirtschaft, etwa des Bundesverbandes der Deutschen
Industrie und des Deutschen Industrie- und Handels-
tages, vertraten: dass der Wegfall der steuerlichen
Berücksichtigungsfähigkeit von Schmiergeldern mit
unzumutbaren Wettbewerbsnachteilen für die deutsche Wirtschaft verbunden sein würde. Dazu, dass
dieser Standpunkt schließlich aufgegeben wurde, haben unter anderem Vertreter einiger führender deutscher Unternehmen beigetragen, die in einem offenen
Brief an die OECD-Wirtschaftsminister die steuerliche Absetzbarkeit von Bestechungsgeldern als einen
Missstand bezeichneten und die OECD aufforderten,
für die Beendigung dieses Missstands zu sorgen. Im
Zusammenhang mit dem Erlass des Gesetzes zur Bekämpfung internationaler Bestechung wurde durch
das Steuerentlastungsgesetz 1999/2000/2002 auch das
Einkommensteuergesetz dahingehend geändert, dass
die steuerliche Absetzung jeder nach deutschem Straf-
recht strafbaren Zuwendung ausgeschlossen ist.

Gegen Korruption im öffentlichen Dienst haben
Bund und Länder inzwischen auch dienstrechtliche
und administrative Maßnahmen ergriffen. So wurde
das Nebentätigkeitsrecht der öffentlich Bediensteten
geändert. Richtlinien zur Korruptionsprävention auf
Bundes- und Länderebene sehen organisatorische
Maßnahmen wie die grundsätzliche Trennung von
Vergabe, Planung und Abrechnung, das Vier-Augen-
Prinzip, die Personalrotation in korruptionsgefährde-
ten Bereichen, eine verbesserte Aus- und Fortbildung,
die Sensibilisierung und Belehrung der Beschäftigten
und ähnliche Maßnahmen vor. Über das Ausmaß der
Umsetzung, die damit verbundenen Schwierigkeiten

und die davon ausgehenden Wirkungen liegen noch
verhältnismäßig wenig empirische Erkenntnisse vor.
Klar ist allerdings bereits jetzt, dass der Weg zu einer
wirklich effektiven Korruptionsbekämpfung noch
weit ist und dass dazu noch immer auch wichtige
rechtliche Regelungen fehlen.

Unternehmensstrafbarkeit

Das Bemühen, Verhaltensänderungen mit den Mitteln
des Strafrechts zu erzielen, konzentriert sich in
Deutschland – auf dem Gebiet der Korruptionsbekämpfung ebenso wie in anderen Bereichen – bislang
auf die beteiligten Personen. Unternehmen als solche
können sich in Deutschland nicht strafbar machen.
Gerade in Bezug auf Korruptionsgeschäfte, die zugunsten von Unternehmen eingegangen werden, ist
das inadäquat. Die Bedingungen, unter denen der Einzelne handelt, werden hier auch durch die jeweiligen
Unternehmen gesetzt. Um *deren* Wettbewerbsvor-
und -nachteile geht es. Und von ihnen hängt es wesentlich ab, ob der einzelne Mitarbeiter unter dem
Druck steht, den Geschäftserfolg seines Unternehmens auch mithilfe korrupter Praktiken zu fördern,
oder nicht. Es ist deshalb sinnvoll, die Präventions-
möglichkeiten des Strafrechts gerade auch für das Verhalten der Unternehmen fruchtbar zu machen.

Im angloamerikanischen Rechtskreis des Common
Law ist seit langem auch die Strafbarkeit von Unternehmen anerkannt. In den USA wurden 1991 die
Strafzumessungsrichtlinien reformiert, um die präven-
tive Anreizwirkung des Unternehmensstrafrechts zu
optimieren. Dies geschieht durch eine Kombination

von sehr hohen Strafdrohungen – Geldstrafen für Unternehmen können sich in besonders schweren Fällen auf mehrere hundert Millionen Dollar belaufen – mit weit reichenden Abmilderungsmöglichkeiten. Prompte Selbstanzeige und volle Kooperation mit den Ermittlungsbehörden können Strafmilderung einbringen. Vor allem aber können die Strafen wesentlich herabgesetzt werden und begleitende Auflagen entfallen, falls das Unternehmen schon vor der Straftat ein „wirksames Programm zur Verhinderung und Aufdeckung von Gesetzesverstößen" entwickelt, in Geltung gesetzt und vollzogen hat. Nicht jedes beliebige nur auf dem Papier stehende Programm wird als in diesem Sinne wirksam anerkannt. Das Unternehmen muss vielmehr tatsächlich die nötige Sorgfalt („due diligence") aufgewendet haben, um strafbares Verhalten seiner Mitarbeiter und sonstiger Beauftragter zu verhindern. Dazu muss das Unternehmen unter anderem geeignete Verhaltensstandards aufgestellt und diese sinnvoll – etwa durch Mitarbeitertraining – kommuniziert, Aufsichtsverantwortlichkeiten bestimmt und angemessene Mechanismen zur Durchsetzung institutionalisiert haben; die Richtlinien nennen hier beispielhaft unter anderem Auditierungssysteme, Meldepflichten und die disziplinarische Sanktionierung ihrer Verletzung sowie die Einrichtung von Kommunikationswegen, auf denen Mitarbeiter ohne Furcht vor Nachteilen Unregelmäßigkeiten berichten können. Diese Regelungen bieten einen starken Anreiz für Unternehmen, ihre Unternehmenskultur aktiv auf die Vermeidung von Straftaten auszurichten und Ethikkodizes nicht nur als PR-Maßnahme anzulegen, sondern auch mit Leben zu erfüllen.

In Deutschland stößt die Strafbarkeit von Unternehmen dagegen traditionell auf Vorbehalte. Sie gilt als unvereinbar mit dem Grundsatz, dass Strafe Schuld voraussetzt. Dass Unternehmen nicht in demselben Sinne schuldfähig sind wie natürliche Personen, ist unbestreitbar. Daraus folgt aber nicht, dass es für Unternehmen keine Strafbarkeit geben kann. Gerade weil Unternehmen nicht im selben Sinne schuldfähig sind wie natürliche Personen, ist die Art von Verschulden, die sich vernünftigerweise nur natürlichen Personen zuschreiben lässt, für die Strafbarkeit von Unternehmen entbehrlich. Der Vorwurf, einen Straftatbestand verwirklicht zu haben, obwohl er zumutbar hätte vermieden werden können, kann ebenso sinnvoll einem Unternehmen wie einer natürlichen Person gegenüber erhoben werden. Niemand behauptet ernsthaft, dass Unternehmen prinzipiell nicht in der Lage wären, ihr Verhalten so zu steuern, dass die Verwirklichung von Straftatbeständen vermieden wird. Wären sie es nicht, dann müsste man sie wie Unzurechnungsfähige behandeln und ihnen die Verfügung über Schädigungsmöglichkeiten, die sie prinzipiell nicht beherrschen, entziehen. Tatsächlich verhält es sich aber unstreitig anders. Unternehmen können die Wahrscheinlichkeit, dass in ihrem vermeintlichen Interesse Korruptionsdelikte, Umweltdelikte und andere Straftaten begangen werden, durchaus beeinflussen. Sie sind also auch in der Lage, auf entsprechende strafrechtliche Präventionsanreize zu reagieren. Deshalb kann ihnen durchaus sinnvoll und gerechtfertigt ein Vorwurf gemacht und strafrechtliche Sanktionierung angedroht werden, falls sie das nicht tun und es deshalb zu Straftaten kommt. Im deutschen Ordnungswidrigkeitenrecht gilt seit langem, dass Geldbußen unter bestimmten – allerdings nicht zweckmäßig gefassten – Voraussetzungen auch gegen juristische Personen und Personenvereinigungen festgesetzt werden können (§ 30 OWiG). Es gibt keinen Grund, weshalb Unternehmen nicht in der Lage sein sollten, neben dieser und anderen Verantwortlichkeiten, die das Recht ihnen problemlos zuschreibt, auch strafrechtliche Verantwortung zu tragen.

Was sonst noch fehlt

Von den Lücken im System der Bekämpfung internationaler Bestechung war oben schon die Rede. Wenn man sich vor Augen führt, dass es bei der Korruptionsbekämpfung nicht nur um Korruption im Bereich der Unternehmen, sondern auch um Korruption im Bereich von Politik und Verwaltung geht, erscheint es als zusätzliches Problem, dass die Staatsanwaltschaften, ohne deren Mitwirkung als Anklagebehörde es in der Regel nicht zu einer strafgerichtlichen Verurteilung kommen kann, weisungsabhängig sind. Dadurch sind sie verstärkt auch informeller Einflussnahme auf laufende Verfahren ausgesetzt: Jeder Justizminister oder Staatssekretär kann einen ihm unterstellten weisungsabhängigen Beamten zum Rapport über einen politisch brisanten Fall einbestellen und ihm bei dieser Gelegenheit seine Sicht von der wünschenswerten Art der Erledigung des Falles deutlich machen. Eine förmliche Weisung, die den Weisungsgeber unter Umständen aus inhaltlichen Gründen angreifbar machen könnte, wird sich dann in der Regel erübrigen. Eine Fernsehreportage hat im vergangenen Jahr das Pro-

blem an exemplarischen Fällen politischer Einflussnahme auf die staatsanwaltliche Praxis aus dem gesamten Bundesgebiet illustriert („Maulkorb für den Staatsanwalt – Wie Politiker die Justiz behindern", von
Christoph Maria Fröhder und Hans Leyendecker,
Hessischer Rundfunk, 25. 9. 2002). „Sehr wichtig"
sei es, schreibt die Korruptionsforscherin Britta
Bannenberg, die bei eigenen Recherchen ebenfalls auf
dieses Problem gestoßen ist, „sicherzustellen, dass zu-
ständige Stellen zur Bekämpfung der Korruption von
Weisungen durch die Justiz und Politik unabhängig
sind".

Lückenhaft ist auch das System der Reaktionen auf
Korruptionsfälle. Insbesondere wäre es notwendig,
auf Korruption im Vergabewesen damit zu reagieren,
dass die beteiligten Unternehmen von der Vergabe öffentlicher Aufträge befristet ausgeschlossen werden.
Entsprechende Regelungen sind bislang nur für einige
Länderverwaltungen eingeführt worden – mit sehr begrenzter Reichweite. Die geplante bundesgesetzliche
Regelung für ein Anti-Korruptionsregister („Register
über unzuverlässige Unternehmen") ist dagegen im
vergangenen September im Vermittlungsausschuss –
dem Ausschuss, der im Gesetzgebungsverfahren zwischen Bundestag und Bundesrat vermittelt – einstwei-
len gescheitert.

Das passt zur allgemein fehlenden Transparenzkul-
tur in Deutschland. Korruption gedeiht im Dunklen.
Effektive Korruptionsbekämpfung ist daher auf
Transparenz angewiesen. Gerade damit hat die deutsche Verwaltungstradition aber Schwierigkeiten. Das
zeigt sich auch darin, dass der Entwurf eines allgemeinen Informationszugangsgesetzes, mit dem die Vor-

aussetzungen für eine generell wirksamere öffentliche Kontrolle der Verwaltung hätten geschaffen werden können, in der vergangenen Legislaturperiode sang- und klanglos versandet ist. Die USA verfügen seit 1974 über ein solches Gesetz, den Freedom of Information Act, die Schweden sogar schon seit dem 18. Jahrhundert. Fast alle EG-Mitgliedstaaten sind diesen Vorreitern inzwischen gefolgt und betrachten Transparenz im Bereich von Regierung und Verwaltung als ein Element der Demokratie. Deutschland aber hat Schwierigkeiten, sich mit dem Gedanken anzufreunden, dass Regierungen und Verwaltungen Kontrolle durch eine informationsberechtigte Öffentlichkeit nötig haben könnten.

Eine wichtige Voraussetzung dafür, dass Korruptionsfälle überhaupt ans Tageslicht gelangen, ist ein verlässlicher Mindestschutz für diejenigen, die solche Fälle im eigenen Umfeld aufdecken. Unter anderem muss sichergestellt sein, dass nicht mit Kündigung oder sonstigen Benachteiligungen reagiert werden darf, wenn Mitarbeiter einen begründeten Verdacht auf Korruption oder sonstige Straftaten organisationsintern und nötigenfalls auch nach außen melden. Eine Konvention des Europarates zur Korruptionsbekämpfung im Bereich des Zivilrechts, die so genannte Zivilrechtskonvention, verpflichtet die Unterzeichnerstaaten zu entsprechenden zivilrechtlichen Schutzmaßnahmen. Etliche Staaten sind auch hier weiter als wir und haben ausdrückliche gesetzliche Regelungen geschaffen.

Warum sind Regelungen dieser Art bei uns so schwer durchsetzbar? Hier ist mehr im Spiel als die schon angesprochene verbreitete Abneigung gegen das

Anerkenntnis, dass unser aller Moral überhaupt institutionelle Rückendeckung nötig hat. Es gibt darüber hinaus auch noch eine spezielle Abneigung dagegen, dass der Staat die Ausübung sozialer Kontrollfunktionen durch die Bürger untereinander in irgendeiner Form fördert.

Moralische Probleme der Aktivierung privater Interessen für die Einhaltung geltender Regelungen

Verbesserungen der Gesetzeslage nützen nur, soweit sie auch in der Praxis umgesetzt werden. Deshalb ist es im Prinzip sinnvoll, die in der Gesellschaft bestehenden Interessen für diesen Zweck zu nutzen und die Bereitschaft der Bürger, Korruption in ihrem eigenen Umkreis zu bekämpfen, aktiv zu unterstützen. Gerade Vorschläge, die in diese Richtung gehen, stoßen in Deutschland aber auf besonders heftige Widerstände.

Der SPIEGEL berichtete 1999 in einem Artikel zum Thema grenzüberschreitende Korruption, dass das US-Wirtschaftsministerium im Internet „zur Denunziation" auffordere („Rückkehr zur Ehrlichkeit?", Heft 44/1999 v. 30. 10. 1999). Was hatte das Ministerium getan? Wenn es Beschwerden über Bestechung im Ausland gebe, so hatte es auf seiner Website mitgeteilt, solle man dies das Ministerium wissen lassen. Zu diesem Zweck wurde ein per Mausklick aufrufbares Formular zur Verfügung gestellt. Die Beurteilung dieses Vorgangs als Aufforderung zur Denunziation drückt scharfe Missbilligung aus. Ebenso verpönt ist es in Deutschland, die öffentliche Missbilligung rechtswidrigen Verhaltens in das Sanktionsinstrumentarium zu integrieren. In den USA ist es üblich, dass Informatio-

nen über bestimmte strafrechtlich relevante Verfeh-
lungen von Unternehmen der Öffentlichkeit zugäng-
lich gemacht werden. Bei uns wird dies bislang als eine
mittelalterliche Form der Einbeziehung von Bürgern
in die soziale Kontrolle abweichenden Verhaltens,
nämlich als „An-den-Pranger-Stellen", erfolgreich ab-
gewehrt. Die geplante und inzwischen trotz ihres sehr
zurückhaltenden Inhalts gescheiterte Regelung für ein
Anti-Korruptionsregister sah denn auch ausdrücklich
vor, dass Auskünfte aus diesem Register nur öffentlichen Auftraggebern und betroffenen Unternehmen
erteilt werden dürften. Die Öffentlichkeit sollte vom
Zugang zu den Registerinformationen von vornherein
ausgeschlossen bleiben. Das entspricht einer für das
deutsche Rechtssystem auch sonst charakteristischen
Abneigung: Dass Bürger sich außer um die Rechtmäßigkeit ihres eigenen Verhaltens auch noch um die
Rechtmäßigkeit des Verhaltens anderer kümmern,
wird nicht gern gesehen.

Wir sollten einmal darüber nachdenken, woher diese Affekte stammen und ob sie wirklich angemessen
sind. Natürlich ist es menschenunwürdig, wenn Ehe-
brecherinnen auf dem Marktplatz an Pfähle gebunden,
begafft und bespuckt werden. Natürlich ist ein System
verabscheuungswürdig, in dem Blockwarte oder eifer-
süchtige Nachbarn ihre Mitbewohner bespitzeln und
es der Gestapo melden, wenn der Nachbar den Hitler-
gruß versäumt oder bezweifelt hat, dass der Krieg gewonnen werden wird. Aber ist es menschenunwürdig,
wenn Unternehmen, die schwerwiegende Gesetzes-
verstöße begehen, damit rechnen müssen, dass dies
nicht geheim bleiben wird? Ist es verabscheuungswürdig, wenn Bürger nicht nur Straftaten, die sich gegen

sie selbst, sondern auch Straftaten, die sich gegen Belange der Allgemeinheit richten, bei einer rechtsstaatlichen Justiz zur Anzeige bringen – und dazu auch aufgefordert werden? Glauben wir wirklich, dass eine öffentliche Moral, die die Beachtung demokratisch beschlossener und rechtsstaatlicher Gesetze einschließt, sich ganz ohne soziale Kontrolle entwickeln und erhalten lässt – und falls nicht, dass dies ausschließlich Sache der zuständigen Staatsorgane und in keiner Hinsicht auch Sache der Bürger sein sollte? Wollen wir wirklich, dass ein Manager oder Verwaltungsangestellter, der bemerkt, dass Kollegen sich in Korruptionsgeschäfte verwickeln, wegsieht, oder wollen wir nicht vielmehr, dass er sich einmischt und, wenn es nicht anders geht, Vorgesetzte und notfalls die Justiz einschaltet? Wenn wir es richtiger finden, sich im letzteren Sinne zu verhalten, dann sollten wir solche Verhaltensweisen auch gezielt unterstützen – beispielsweise durch Regelungen, die sicherstellen, dass der Betreffende in solchen Fällen nicht als „Nestbeschmutzer" mit Nachteilen am Arbeitsplatz abgestraft wird – und Begriffe wie „Denunziation" vorsichtiger gebrauchen.

Globalisierung des Rechts

Im Zuge der Globalisierung des wirtschaftlichen Wettbewerbs treten auch die Staaten im Verhältnis zueinander zunehmend in Wettbewerb – einen Standortwettbewerb um möglichst günstige Bedingungen für die Wirtschaft. Auch die nationalen Rechtssysteme treten infolgedessen miteinander in Konkurrenz.

Das Beispiel der Bekämpfung internationaler Korruption illustriert die problematische Seite dieser Entwicklung. Die Regelungskompetenzen liegen in erster Linie bei den Staaten (oder, wie im Falle der EG, bei einer auf ein bestimmtes Gebiet begrenzten supranationalen Organisation). Die Einzelstaaten aber müssen befürchten, mit der Nutzung ihrer Kompetenzen die eigene Wirtschaft und sich selbst in Nachteil zu setzen. Das erschwert angemessene Regulierungen. Die – begrenzten – Fortschritte, die in der internationalen Korruptionsbekämpfung inzwischen gemacht worden sind, zeigen aber auch, dass die Lage nicht hoffnungslos ist. Die Durchsetzung vernünftiger rechtlicher Standards und die damit verbundene Absicherung der Fähigkeit, sich im wirtschaftlichen Wettbewerb auch bei Beachtung moralischer Standards zu behaupten, kann selbst unter den erschwerten Bedingungen des globalisierten Wettbewerbs gelingen.

In dem Maße, in dem rein innerstaatliche Standardsetzung schwieriger wird, nimmt die internationale und supranationale Organisation staatlichen Handelns zu. Das zentrale Instrument dafür sind internationale Übereinkommen. Vorbereitet und ausgehandelt werden solche Übereinkommen meist auf der Ebene internationaler Organisationen, die sich ihrerseits auf internationale Verträge gründen.

Auf der einen Seite sind es internationale und supranationale Organisationen wie die Welthandelsorganisation, die Weltbank, die Europäische Gemeinschaft, die mit ihren liberalisierenden Regimen und Politiken die Internationalisierung des Wettbewerbs vorantreiben – oft in einem Tempo, das unter anderem die Anpassungsfähigkeit der Moralsysteme in den betreffenden Ländern überfordert. Diese Institutionen erzeugen damit zugleich das Problem des „Nachhinkens" notwendiger Regulierungsmaßnahmen: Es werden kontinentale und globale Märkte geschaffen, ohne dass die Möglichkeit demokratischer Rechtsetzung für diese Märkte im gleichen Maße mitwächst. Teils in größerem, teils in geringerem Umfang kümmern sich dieselben und weitere internationale Organisationen aber auch um das nachträgliche Zustandekommen supra- und internationaler Regulierungsinstrumente. Die Bekämpfung der Korruption beispielsweise steht nicht nur auf der Agenda der OECD. Von der Weltbank bis zum Europarat sind zahlreiche internationale Organisationen mit Konventionen und Programmen auf diesem Gebiet aktiv.

Im Umweltschutz sieht es nicht anders aus. Auch hier erschwert die internationale Standortkonkurrenz einseitige staatliche Regulierungen. Dafür ist in den zurückliegenden Jahrzehnten unter der Regie der Vereinten Nationen, der OECD, des Europarates und zahlreicher anderer internationaler Organisationen eine Fülle internationaler Regelwerke entstanden, mit denen versucht wird, Umweltstandards über nationale Grenzen hinaus zu verallgemeinern und damit wettbewerbsmäßig zu neutralisieren. Viele dieser Regelwerke sind inhaltlich unzureichend. Oft ist auch ihre Umsetzung nicht hinreichend kontrollierbar und sanktionierbar. Vielfach gelingt die Einbindung wichtiger Staaten nicht. Die internationalen Vereinbarungen zur Bekämpfung des Treibhauseffekts beispielsweise leiden an allen drei Defekten gleichzeitig: Die Ziele des Kyoto-Protokolls, über dessen Umsetzung 2002 auf dem Nachhaltigkeitsgipfel in Johannesburg gestritten wurde, greifen für eine rechtzeitige Verhinderung gravierender Klimaänderungen und Klimaschäden viel zu kurz, waren aber in all ihrer Bescheidenheit doch schon zu ehrgeizig, als dass man sich zugleich auf scharfe Durchsetzungsinstrumente hätte einigen und die USA mit ins Boot holen können. Trotzdem hat auch dieses Protokoll schon viel bewegt.

Zahlreiche internationale Organisationen fördern die Verbreitung von Verhaltensstandards für Regierungen und Unternehmen auch mit anderen Instrumenten als vertraglicher Regulierung; so zum Beispiel dadurch, dass finanzielle Fördermaßnahmen an die Einhaltung bestimmter Standards geknüpft werden, durch rein informatorische Instrumente wie die bloße Formulierung von Standards und Ähnliches. Die OECD beispielsweise hat Leitsätze für multinationale Unternehmen entwickelt, deren Umsetzung in den Mitgliedstaaten durch nationale Kontaktstellen gefördert werden soll.

Die bislang erzielten Fortschritte in der Verbreitung und Umsetzung rechtsverbindlicher oder zur freiwilligen Beachtung empfohlener internationaler Standards wären nicht erzielt worden ohne die Arbeit privater Verbände, so genannter Nichtregierungsorganisationen (NGOs), die sich auf nationaler und internationaler Ebene für Menschenrechte, Umweltschutz, Korruptionsbekämpfung und andere Belange einsetzen. Der Druck der öffentlichen Meinung, der die Staaten zum Erlass von Gesetzen und zum Abschluss internationaler Übereinkommen zwingt und Unternehmen veranlasst, sich im In- und Ausland um die Einhaltung der gesetzten Standards zu kümmern und eigene Standards zu entwickeln, entsteht vor allem durch die Tätigkeit national und international agierender Verbände, die die Lage und die Entwicklung beobachten, Probleme thematisieren, Handlungsweisen von Unternehmen und Regierungen kritisieren und konstruktive Vorschläge für Problemlösungen erarbeiten. Ohne Transparency International beispielsweise wäre die Bekämpfung der Korruption, ohne die Umweltverbände der Umweltschutz national und international nicht auf dem Stand, auf dem sie sich befinden. Eine nationale und internationale Öffentlichkeit, die das Verhalten nicht nur von Regierungen, sondern auch von Unternehmen kritisch beobachtet und auf grobe Verstöße gegen Umwelt-, Menschenrechts- und sonstige moralisch relevante Standards auch kritisch (bis hin zum Boykott) reagiert, gehört heute zu den Rahmenbedingungen, auf die Unternehmen achten müssen. Das ist im Wesentlichen den privaten Umwelt-, Menschenrechts- und Antikorruptionsverbänden, den so genannten NGOs, zu verdanken.

Die Handlungsfähigkeit dieser Verbände liegt aus den genannten Gründen auch im eigenen Interesse der Staaten und der internationalen Organisationen, die ihre eigene Handlungsfähigkeit für die Setzung und Durchsetzung internationaler Standards stärken wollen. In vielen Staaten und in fast allen internationalen Organisationen zeigt sich ein klareres Bewusstsein für diesen Zusammenhang als in Deutschland. Ideell engagierte Verbände direkt finanziell fördern, sie mit den Mitteln des Steuer-, Erb- und Stiftungsrechts bei der Erschließung eigener Finanzierungsquellen unterstützen, sie gleichberechtigt mit den Wirtschaftsverbänden frühzeitig in politische Aushandlungsprozesse

einbeziehen, ihnen Informationszugangs- und Klage-
rechte einräumen – in all diesen Punkten sind viele andere westliche Industriestaaten und in einigen sogar
schon die mittel- und osteuropäischen EG-Beitritts-
kandidatenländer weiter als wir.

Und wo bleibt die Moral?

Wenn man sich auf die institutionelle Denkweise ein-
lässt, für die ich in den vorangegangenen Abschnitten
geworben habe, und mehr Aufmerksamkeit und politische Energie auf die Schaffung rechtlicher Rahmenbedingungen verwendet, die Korruption und andere
Formen gemeinwohlschädlichen Verhaltens unattraktiver machen – wo bleibt dann die Moral? Kommt es
auf das moralische Handeln des Einzelnen dann überhaupt noch an?

Es gehört zu den althergebrachten und verbreiteten
Einwänden gegen institutionelles Denken und Handeln, dass es letztlich die Moral schwäche. Moral werde hierbei nämlich durch Recht ersetzt, so das Argu-
ment, und damit würden moralische Antriebe letztlich
überflüssig gemacht. Diese Vorstellung ist irreal. Vernünftige rechtliche Regelungen machen Moral nicht
überflüssig, sondern stützen sie. Und sie sind selbst auf
eine intakte Moral angewiesen. Institutionen zur Bekämpfung von Korruption, Umweltverschmutzung,
Menschenrechtsverletzungen und anderen Missständen kommen nicht zustande, ohne dass Menschen diese Missstände erkannt, als Missstände bewertet und
sich zum Handeln dagegen aufgerufen gefühlt hätten.
Ob Unternehmer oder Mitarbeiter in einem Unter-

nehmen, ob Politiker, Beamter oder Bediensteter einer internationalen Organisation, ob Verbandsmitglied, wählender oder konsumierender Bürger – Menschen in all diesen Rollen müssen für Veränderungen eintreten oder zumindest bereit sein, Veränderungen zu akzeptieren, damit vernünftige institutionelle Rahmenbedingungen entstehen können. Die oben angesprochene Abschaffung der steuerlichen Absetzbarkeit von Bestechungsgeldern ist dafür ein gutes Beispiel. Und auch innerhalb etablierter, funktionsfähiger Institutionen wird Moral nicht überflüssig. Jede Institution funktioniert umso besser, je weniger die Beteiligten den immer möglichen Versuch machen, die geltenden Regeln zu verletzen und die vorgesehenen Anreizmechanismen zum eigenen Vorteil zu unterlaufen. Jede Institution funktioniert umso besser, je mehr die Beteiligten einander vertrauen, sich also auf ungezwungen richtiges, das heißt moralisches Verhalten der anderen verlassen können. Es ist deshalb unsinnig, Moral und vernünftige, anreizwirksame Institutionen gegeneinander auszuspielen und den Eindruck zu erwecken, als könnte man das eine nur um den Preis des anderen haben. Moral und vernünftige Institutionen sind keine Konkurrenten, die sich gegenseitig verdrängen, sondern Verbündete und wechselseitig aufeinander angewiesen.

Für eine menschliche Wirtschaft: Ein Plädoyer für institutionelles Denken und Handeln

Abschlussdiskussion

Die Korruptions- und Bilanzfälschungsskandale der vergangenen Jahre haben den Eindruck einer moralischen Erosion der gesamten Wirtschaft erweckt. Als Reaktion ist das Thema Wirtschaftsethik nicht nur in die öffentliche Diskussion, sondern auch auf die politische Agenda gekommen. Etliche Gesetzesänderungen werden diskutiert, darunter etwa Regulierungen zur Erweiterung der Haftung des Vorstands oder zur Änderung der Funktion des Aufsichtsrates. Es ist mit einer Flut neuer Regulierungen zu rechnen. Der richtige Weg, um die verloren gegangene moralische Glaubwürdigkeit der Wirtschaft wiederherzustellen?

v. Pierer: Ich bin dagegen, dass man die Gesetze verändert, ohne sich ernsthaft darüber Gedanken zu machen, was die heutigen aussagen und welche Regelungen wir bereits haben. Das, was einige Manager in den vergangenen Jahren gemacht haben, etwa im Enron-Fall, war strafbar. Da braucht man keine Haftungserweiterung.

Wenn etwas passiert, wird sofort nach einem neuen Gesetz und nach neuen Regeln verlangt, und die Politik meint, so einem vermeintlichen oder vielleicht auch manchmal wirklichen Volkswillen

nachzukommen – aber ich glaube, eine Bestands-
aufnahme von dem, was wir bereits haben, wäre
besser. Und gegen eines bin ich wirklich strikt: dass
wir in Deutschland Class Actions, Sammelklagen,
nach amerikanischem Muster auch nur in Ansätzen
in die Rechtsordnung einführen. Dies ist einer der
schlimmsten Irrwege, denen ich in Amerika begegnet bin. Das war alles mal gut gemeint, aber was
wir heute auf dem Gebiet erleben, ist einfach ab-
schreckend. Man hat doch den Eindruck, dass es
häufig mehr um die Interessen der Anwaltskanz-
leien als um die der „Opfer" geht.

*Einige Aufsichtsratschefs fürchten angesichts der dro-
henden Regelungen bereits einen Engpass bei der Be-
setzung von Aufsichtsratsmandaten. Zu Recht?*

v. Pierer: Ja, es ist schon heute für die international
renommierten Leute, die wir eigentlich brauchen,
nicht besonders attraktiv, in einem deutschen Auf-
sichtsrat zu sitzen. Und wenn sie dann noch mit
unübersehbaren Haftungsklagen rechnen müssen,
werden sie sich vollends rar machen.

*Was halten Sie, Frau Lübbe-Wolff, von den angestoße-
nen Regulierungen? Oder reicht Ihrer Meinung nach
die existierende Rechtslage?*

Lübbe-Wolff: Bei dem Thema Bilanzfälschungen
reicht jedenfalls offensichtlich die Kontrolle durch
Wirtschaftsprüfer als Sicherungsmechanismus nicht

aus. Das ist auch nicht weiter verwunderlich, weil die Unternehmen sich diese Kontrolleure am Markt frei wählen können. Auch bei der Steuerprüfung verlässt man sich ja nicht auf private Kontrolleure, die die Unternehmen sich selbst aussuchen könnten. Ich plädiere nicht dafür, dass man darum nun die freiberufliche Wirtschaftsprüfung durch eine behördliche ersetzt. Aber ergänzende – möglichst unbürokratische – Instrumente scheinen doch notwendig zu sein, um eine reelle Bilanzierung zu sichern.

HOMANN: An manchen Stellen können wir die Regelungen sicherlich korrigieren, etwa in Bereichen der Wirtschaftsprüfung und Beratung. Doch wir in Deutschland und auch in den USA bilden uns ein, dass wir mit strafrechtlichen Vorschriften die Details des Alltags komplett regeln könnten. Das geht nicht. Auch in diesem Fall wird einmal mehr der untaugliche Versuch gemacht, unerwünschte Resultate einfach zu verbieten. Die Verdichtung der rechtlichen Vorschriften wird jedoch dazu führen, dass am Ende niemand mehr durchblickt und Manager immer mit einem Bein im Gefängnis stehen. Darunter wird die Innovationsbereitschaft mehr leiden, als den Verfechtern solcher Vorschriften lieb sein kann. Anderseits haben solche Versuche eindeutig berechtigte Anlässe oder Gründe, mit denen sich die Unternehmen auseinander setzen müssen. Es ist wohl nicht zu bestreiten, dass die Kritik berechtigt ist, in der „Deutschland AG" würden sich 200 bis 300 Personen, vielfältig miteinander verflochten, gegenseitig „kontrollieren". Zur Markt-

wirtschaft gehören zwar Handlungsfreiheit und
Macht, aber ebenso gehört zur Marktwirtschaft die
Kontrolle. Ich habe Zweifel, ob wir diese Kontrolle
immer mehr den Gerichten zuschieben sollten –
was übrigens auch als Tendenz in der Politik zu beobachten ist. Ich halte es für viel wichtiger, für
Transparenz und öffentliche Diskussion in einer
aufgeklärten – das heißt in diesem Zusammenhang:
nicht von vornherein antikapitalistischen – Öffentlichkeit zu sorgen und die Kontrolle durch die
Konsumenten zu stärken. Dazu müssen wir informelle Kontrollmechanismen ausbauen. Da steht
an erster Stelle natürlich Transparenz. Ich verstehe nicht, warum beispielsweise beim Bilanzfäl-
schungsskandal von Enron die großen Pensions-
fonds nichts gemerkt haben. Und ich verstehe
nicht, warum die Mitarbeiter mitgespielt haben. In
diesen Bereichen kann man mit informellen Sank-
tions- und Kontrollmechanismen eine Menge machen.

V. PIERER: In den Fällen, die jetzt vor Gericht be-
handelt werden, geht es außerdem weniger darum,
ob genügend Regeln vorhanden sind, nach denen
so etwas zu beurteilen ist, sondern es geht um die
Beweisfrage. Was kann man eigentlich beweisen?
Gelingt das nicht, dann werden alle noch so neuen
und enger gefassten Strafregeln nicht ausreichen.

*Fraglich ist jedoch, inwieweit man bei der Beweisfrage
noch von Chancengleichheit sprechen kann. Aufseiten
der Anklage sitzt häufig nur der Staatsanwalt, unter-*

stützt von wenig Personal. Auf Unternehmensseite arbeitet dagegen oft eine große Steuerabteilung, plus eine internationale Wirtschaftsprüfungsgesellschaft sowie Topanwälte. Ist es da bei überlasteten, überforderten Mitarbeitern im Regelungsdickicht nicht unter Umständen reine Glückssache, welches Urteil als Ergebnis herauskommt?

HOMANN: Natürlich sind die Chancen nicht gleich – vor Gericht! Oft enden Prozesse vor Gericht deshalb mit einem abgesprochenen Teilgeständnis, weil der Nachweis, wenn überhaupt möglich, Jahre in Anspruch nehmen würde. Man sieht, dass die staatliche Rechtsprechung, der „legal centralism", in der modernen Wirtschaft Grenzen hat. Deswegen werden „private ordering" und eine Steuerung über „weiche" Faktoren immer wichtiger. Es gibt andere Spielfelder mit anderen Sanktionen: öffentliche Meinung, Reputationsverluste, Abbruch oder Reduzierung der Geschäftsbeziehungen und dergleichen mehr. Allerdings ist auf die Letzteren allein auch kein Verlass: Beide Formen von Steuerungsinstrumenten, formelle und informelle, müssen zusammenwirken und präzise aufeinander abgestimmt werden.

v. PIERER: Chancengleichheit ist, glaube ich, nicht das richtige Wort: Es gilt doch immer noch die Unschuldsvermutung. Im Übrigen: Ein Faktor, der im Fall von Enron die kriminelle Energie befördert hat, waren sicherlich die teilweise übertriebenen Bonus-Regelungen, der finanzielle Anreiz, der die Manager zu inkorrektem Verhalten verführt hat.

Da ging es ja nicht mehr um eine mehr oder weniger normale Entlohnung. Stattdessen haben sich die Leute in einer Art und Weise Vorteile verschaffen können, die alles in den Schatten gestellt hat. Da muss man ansetzen, das darf es einfach nicht geben.

Dazu passt, dass auch in Deutschland in der Öffentlichkeit wahrgenommen und kritisiert wird, dass Vorstandsbezüge in weitaus stärkerem Maße gestiegen sind als die Gehälter der Arbeiter und Angestellten. Inwieweit hat das moralische Signalfunktion für die Mitarbeiter und die Öffentlichkeit?

v. Pierer: Ich habe jetzt vor allem von den Auswüchsen gesprochen, die es in Amerika gibt. Da geht es ja mitunter um Entlohnungen von 100 Millionen Dollar an aufwärts. Solche Dinge halte ich für inakzeptabel. Die Vorstandsbezüge in Deutschland haben sich dem amerikanischen Niveau keineswegs auch nur angenähert. Es stimmt, dass sie gestiegen sind, doch wir müssen unseren Spitzenleuten international wettbewerbsfähige Einkommen bezahlen. Nur so bekommen wir die besten Leute. Unsere Spitzenleute in Amerika verdienen immer noch mehr als vergleichbare Leute in Deutschland. Ein außerordentlich problematischer Vorgang, weil wir Leute hin und her versetzen. Wenn ein deutscher Manager deutlich weniger verdient als der ihm zugeordnete Mitarbeiter in den USA, ist das nur schwer zu vermitteln.

HOMANN: Ich verstehe die öffentliche Aufregung
über die Managergehälter nur zum Teil, beziehen
doch Fußballspieler, Popstars und Dirigenten oft
nicht geringere Einkünfte, ohne dass sich der „klei-
ne Mann" darüber aufregt. Er zahlt ja ihre Einkünfte sogar freiwillig – fürs Vergnügen und nicht
etwa für Arbeitsplätze. Über hohe Gehälter in der
Industrie empört man sich jedoch. Ich meine, wir
sind gesellschaftlich noch nicht ganz so weit. Viel
Geld zu verdienen – und zwar vor allem in den entsprechenden Vorstandsetagen – gilt bei uns immer
noch als moralisch anrüchig. Das ist in den USA
zum Teil anders. Es gilt in einer Marktwirtschaft:
Wer wirklich etwas leistet, ist immer sein Geld
wert, und die Anleger und Arbeitnehmer bekommen unter Wettbewerbsbedingungen nur die Qualität, die sie auch bezahlen. Die Höhe der Bezüge
bestimmt der Markt.

LÜBBE-WOLFF: Eine Veröffentlichung der Höhe der
Vorstandsbezüge kann dazu beitragen, dass die
Verträge sich an dem orientieren, was man der
Öffentlichkeit und den Aktionären noch erklären
kann. Dass Manager leistungs- und marktgerecht
bezahlt werden müssen, wird man dem Publikum
begreiflich machen können. Transparenz ist eine
wesentliche Voraussetzung für die Funktionsfähigkeit von Märkten.

Die Vorstände wehren sich jedoch bislang gegen diese Transparenz in Form einer detaillierten Veröffentlichung ihrer Bezüge.

HOMANN: Das stimmt. Der Markt, den ich eben beschrieben habe, ist heute noch ein unvollkommener Markt. Daraus kann man zwei Schlüsse ziehen. Man kann den Markt knebeln, regulieren, domestizieren, aus moralischer Intuition. Diesen Weg will die Öffentlichkeit gehen, zum Teil durch staatliche Gesetzgebung mit dem Hang zur Überregulierung. Man kann aber auch versuchen, den Markt zu verbessern. Meiner Meinung nach ist das der bessere Weg. Und dazu gehört die angesprochene Transparenz. Es ist äußerst ungeschickt und führt zu einem beträchtlichen Imageverlust der Marktwirtschaft, wenn die Führungskräfte ihre Bezüge heimlich „wie Diebe in der Nacht" einstreichen.

V. PIERER: Im Grunde gibt es diese Transparenz heute schon, und nichts passiert „in der Nacht" und „heimlich". Jeder kann sich die Vorstandsgehälter ausrechnen, und zwar ziemlich genau. Unternehmen müssen heute die an den Vorstand gezahlte Gesamtsumme im Geschäftsbericht veröffentlichen. Die Zahl der Vorstandsmitglieder ist ebenfalls bekannt. Dividiert man die Gesamtsumme durch diese Anzahl und schlägt für den Vorstandsvorsitzenden noch die Hälfte drauf, bei manchen Unternehmen vielleicht 75 Prozent, dann kennt man die Größenordnung der Vorstandsbezüge, und darauf kommt es doch eigentlich an.

Was spricht gegen eine individualisierte Ausweisung der Vorstandsgehälter?

v. Pierer: Zum einen ist fraglich, ob die Öffentlichkeit wirklich das Bedürfnis hat, über die genauen Zahlen informiert zu werden. Meiner Meinung nach reicht es, wenn sie weiß, was ein Vorstand in der Größenordnung verdient. Alles andere stillt höchstens eine durch die Boulevardpresse angestachelte Neugier, etwas über persönliche Details aus dem Leben von öffentlichen Personen wissen zu wollen. Der große Nachteil einer individuellen Veröffentlichung der Einkommen ist, dass sich die Vorstandsgehälter nach oben angleichen würden. Die Gehälter innerhalb eines Vorstands würden sich nicht mehr differenzieren lassen. Keiner wird es akzeptieren, warum ein Kollege – aus Sicht des Aufsichtsrates, der die Vorstandsbezüge festlegt – mehr verdienen soll als er selbst.

Lübbe-Wolff: Wenn ein Vorstandsmitglied weniger Erfahrung und weniger eindrucksvolle bisherige Erfolge vorzuweisen hat und deshalb auf dem Markt nicht ganz so gefragt ist wie der eine oder andere Kollege, warum sollte er dann nicht akzeptieren können – und akzeptieren *müssen* –, dass er weniger bekommt? Warum sollte sich also eine Differenzierung, die sich in einer nicht transparenten Situation offenbar bewährt, nicht auch halten lassen, wenn sie transparent wird?

v. Pierer: Man hat es eben immer mit Menschen und auch mit ihrem Umfeld zu tun. Was Sie sehr objektiv beschrieben haben, entspricht häufig nicht der subjektiven Befindlichkeit und der Selbsteinschätzung der Betroffenen. Das individualisierte Ausweisen der Vorstandsbezüge würde eine Diskussion in den Vorstand und wahrscheinlich auch in sein dienstliches und privates Umfeld bringen, die man sich besser erspart.

Der im Jahr 2002 verabschiedete Deutsche Corporate Governance Kodex enthält Empfehlungen zu den meisten der genannten Punkte. Die Chefs fast aller börsennotierten Unternehmen in Deutschland haben bis Ende 2002 freiwillig eine so genannte „Entsprechungserklärung" unterschrieben, nach der sie die Empfehlungen und Forderungen des Kodex befolgen wollen. Jüngste Erhebungen zeigen jedoch, dass zahlreiche Unternehmen den Kodex in wichtigen Punkten noch nicht umsetzen: Nur eine Hand voll der Gesellschaften weist etwa die Gehälter ihrer Vorstände individuell aus. Wie wirkungsvoll sind freiwillige Selbstverpflichtungen der Wirtschaft?

v. Pierer: Ich halte diese Selbstverpflichtung schon für eine gute Sache. Die Wirtschaft hat den Regelungen zugestimmt. Ihre Akzeptanz ist damit gegeben, was sicherstellt, dass die Dinge dann auch gemacht werden. In unserem Geschäftsbericht zum Beispiel lässt sich genau nachlesen, zu was wir uns verpflichtet haben. Und das gilt sicherlich ähnlich auch für andere börsennotierte Unternehmen.

Wann sind Selbstverpflichtungen einer Regelung durch den Staat vorzuziehen?

LÜBBE-WOLFF: Selbstverpflichtungen der Wirtschaft sind in der Regel das Ergebnis eines Geschäfts mit dem Staat: Du, Staat, verzichtest darauf, mich rechtlich zu diesem oder jenem zu zwingen; dafür mache ich, Wirtschaft, dieses oder jenes freiwillig. Aufgrund meiner Erfahrungen im Umweltbereich hege ich gegenüber diesen Selbstverpflichtungslösungen eine gewisse Skepsis. Der Staat hat dabei sehr oft ein schlechtes Geschäft gemacht und sich den Einsatz wirksamer Instrumente für heiße Luft abkaufen lassen. Ich gebe aber zu, dass es auch Gegenbeispiele und durchaus sinnvolle Einsatzmöglichkeiten für Selbstverpflichtungen gibt. Deshalb sind Pauschalurteile hier nicht sinnvoll. Man muss sich das konkrete Problem und die möglichen Lösungen sehr genau ansehen, um entscheiden zu können, ob die Sache für eine gesetzliche Regelung reif ist oder der Staat sich bis auf weiteres besser zurückhält. Eines steht aber fest: Auch in diesem Bereich brauchen wir mehr Transparenz. Eine wesentliche Attraktion der Selbstverpflichtungen liegt für die Wirtschaft häufig darin, dass man das Ergebnis hier mit wenigen staatlichen Akteuren hinter verschlossenen Türen aushandeln kann. Irgendwann kommt man dann mit einem fertig ausgehandelten Paket heraus. Die Öffentlichkeit, das Parlament und andere politische Akteure, die im Falle einer gesetzlichen Lösung ein Wörtchen mitzureden gehabt hätten, werden auf diese Weise elegant umgangen. Demokratische Entscheidungsverfahren sehen anders aus.

HOMANN: Bei der Frage staatliche Regulierung oder
   freiwillige Selbstverpflichtung sollte man einen
   wichtigen Unterschied im Auge behalten. Bei
   Siemens haben wir es mit einem Weltunternehmen
   zu tun. Es steht auf dem Präsentierteller, im Fokus
   der Öffentlichkeit, der Medien. Es gibt einen Geschäftsbericht heraus und wird von den Finanz-
   märkten kontrolliert. Statt neuer Regelungen für
   die großen Konzerne brauchen wir neue Gesetze
   eher für den Mittelstand. Hier ist die Struktur un-
   übersichtlich. Große Mittelständler fallen aus der
   Kontrolle der Öffentlichkeit zum Teil heraus, etwa
   bei den Rating-Agenturen. Sie können sich freiwilligen Selbstverpflichtungen entziehen, ohne dass
   dies jemanden aufregt. Hier könnten staatliche Regulierungen eher sinnvoll sein.

*Die Liste der 100 größten Unternehmen in Deutsch-
land hat beeindruckende Gewinnzahlen aufzuweisen.
Trotzdem hat der deutsche Staat kaum Einnahmen aus
der Körperschaftssteuer. Bei den kommunalen Steuern
ist es ähnlich. In der Öffentlichkeit wird dies als ungerecht wahrgenommen, als Verletzung der Sozialver-
pflichtung von Eigentum. Unternehmen profitieren
schließlich auch vom Standort – Infrastruktur, soziale
Sicherheit, Bildung, Kultur – so die Argumentation.
Haben Sie dafür Verständnis?*

V. PIERER: Ich halte unsere Steuerquote von zur Zeit
   mehr als 30 Prozent für ausreichend. Außerdem
   zahlen unsere Mitarbeiter in diesem Land fast drei
   Milliarden Euro an Lohn- und Einkommenssteuer.

Auch dieses Geld fällt nicht vom Himmel, sondern unsere Mitarbeiter bekommen es vorher von uns, es wurde bei uns im Unternehmen erwirtschaftet. Die Sozialbeiträge, die gezahlt werden, liegen noch mal bei einer Größenordnung von etwa drei Milliarden Euro. Der Beitrag zum Gemeinwohl, den ein großes Unternehmen wie Siemens leistet, ist also gewaltig. Im Übrigen machen wir 80 Prozent unseres Geschäfts im Ausland. Wir zahlen überall Steuern, nicht nur in Deutschland.

HOMANN: Es ist unbestritten, dass bei der letzten Steuerreform in diesem Punkt erschreckende handwerkliche Fehler gemacht wurden. Das kann man jetzt nicht den Unternehmen anlasten. Wiederum liefert uns die Moral nur die Intuition, dass da etwas nicht richtig sein kann. Aber daraus wird dann nicht selten die höchst fragwürdige Therapie abgeleitet, an die Unternehmen zu appellieren, sie sollten doch aus moralischer Einsicht freiwillig wieder Steuern zahlen, damit zum Beispiel die Kommunen nicht Bankrott gehen. Solche Appelle sind hoffnungslos naiv: Unternehmen stehen im Wettbewerb, daher können sie keine „Opfer" bringen, zu wessen Gunsten auch immer. Unternehmen können erst dann wieder Steuern für das Gemeinwohl entrichten, wenn sie die Garantie bekommen, dass diese Verpflichtung auch für alle Konkurrenten gilt: Das eben ist der Sinn einer Rahmenordnung. In dieser Frage hat der Staat versagt, der muss es jetzt auch richten.

Handelt es sich dabei nicht um Staatsversagen aufgrund von Lobbyarbeit?

LÜBBE-WOLFF: Wenn Unternehmen legalerweise zu wenig Steuern zahlen, dann ist der Vorwurf nicht an die Unternehmen, sondern an den Staat zu richten. Da ist es auch keine Entschuldigung, dass eine Lobby Druck ausgeübt hat. Lobbys können und sollen ihre Interessen vertreten, aber zu entscheiden hat der Gesetzgeber.

v. PIERER: Die Möglichkeiten des Lobbyismus werden häufig gewaltig überschätzt. Wir haben auf den Gesetzgeber nicht wirklich Einfluss. Ich würde mir wünschen, dass, gerade wenn es um Steuergesetze geht, auch mal in informellen Kreisen die Wirkung von solchen Steuergesetzen mit Experten aus der Wirtschaft vorher besprochen wird. Das sind ja keineswegs Leute, die nur auf Steuervermeidung aus sind, sondern Leute, die ganz konstruktive Vorschläge machen, weil sie wissen, wie sich bestimmte Steuerregelungen auswirken. So hätte man in der Vergangenheit viele handwerkliche Fehler, die in solchen manchmal schnell gestrickten Gesetzen passieren, vermeiden können. Bei allem Respekt, den ich vor Beamten habe – sie können die Folgen derartiger Regelungen nicht immer abschätzen.

Skeptiker wie etwa der US-Soziologe Dan Clawson warnen bereits seit Jahren vor einer Tendenz zur Plutokratie. In den USA kommen über 80 Prozent der politischen Spenden von weniger als einem Zehntelprozent der Bevölkerung. Zwar gibt es in Deutschland eine Wahlkampffinanzierung aus öffentlichen Geldern, doch die Industrie hat ebenfalls starken Einfluss auf die Politik, vor allem als Folge des hohen Organisationsgrades der Interessenverbände und deren Verflechtung mit der Ministerialbürokratie und den Volksvertretern auf allen Ebenen. Viele Parlamentarier gehören zugleich Aufsichtsräten, Berufs- oder Wirtschaftsverbänden an. Haben sich die Politiker selbst entmachtet – zulasten von (langfristigen) Interessen des Allgemeinwohls?

LÜBBE-WOLFF: Man kann Parlamentariern nicht verbieten, Affiliationen mit privaten Unternehmen zu haben. Bezahlte Verbindungen sollten aber, wie in den USA, offengelegt werden. In Deutschland müssen Parlamentarier in solchen Fällen lediglich den Bundestagspräsidenten informieren; diese Angabe wird aber nicht öffentlich gemacht. Das halte ich für unzureichend. Reformen in diesem Punkt werden allerdings nichts daran ändern können, dass sich im Globalisierungsprozess die Machtverhältnisse zwischen Staat und Wirtschaft tendenziell zulasten des Staates verschieben. In dem Maße, in dem nationale Grenzen an Bedeutung verlieren, wird es für Unternehmen einfacher, sich der Regulierungsmacht des Staates zu entziehen. Das hat seine Vorteile; der Staat kann sich weniger Ineffizienz erlauben als früher. Aber es hat eben auch seine

sehr bedenkliche Kehrseite: Die Gewinne und Verluste dieser Entwicklung verteilen sich sozial sehr
ungleich. Und Gemeinwohlinteressen durchzusetzen, die der Markt nicht von selbst bedient, Umweltschutz beispielsweise, wird schwieriger. Die
Prozesse, die dem entgegenwirken – vor allem die
Entwicklung internationaler Rechtsstandards und
die Entstehung einer globalen Öffentlichkeit, die
den Unternehmen auf die Finger guckt –, sind
langsam, schwerfällig und bislang unperfekt. Aber
um auf das konkrete Beispiel der Unternehmens-
besteuerung zurückzukommen: Eine vernünftigere
Unternehmenssteuerreform als die, die in Deutschland gemacht worden ist, wäre trotz verringerter
Handlungsspielräume des Staates durchaus möglich gewesen.

HOMANN: Demokratie kann nicht die Lizenz bedeuten, ökonomischen Unsinn auf Kosten der Bevölkerung zu machen. Da begrüßen wir als Ökonomen es
ganz entschieden, dass Unternehmen durch ihre
Standortentscheidungen die Wirtschaftspolitik von
Staaten kontrollieren. Ich stimme zu, dass sich der
Einfluss zugunsten der Wirtschaft verschoben hat
und weiter verschieben wird. Die Unternehmen müssen damit jedoch ebenfalls mehr Verantwortung übernehmen, wenn auch nicht direkt im moralischen Sinne. Unternehmen, die auf nachhaltiges Verbleiben am
Markt aus sind, müssen eine weitsichtige Politik machen. Verlagern sie beispielsweise Standorte nach Süd-
amerika, Ostasien oder Afrika, müssen sie dort im
Grunde per Selbstorganisation Gegebenheiten herstellen, die ihnen in Deutschland der Staat liefert. Sie

müssen an der Schaffung einer (sozialen) Infrastruktur, von Bildungseinrichtungen, einem System der Gesundheitsvorsorge und so weiter mitarbeiten. Das diszipliniert auch die Unternehmen, weil sie die langfristigen Bedingungen ihres Wirtschaftens in den Ländern, in die sie gehen, mit im Blick haben müssen. Darum steht das „Gemeinwohl" nicht im Gegensatz zur ökonomischen Kalkulation. Es ist eher umgekehrt: Das Gemeinwohl verlangt eine ökonomische Kalkulation, allerdings eine nachhaltige: eine langfristige Kalkulation, die zudem nicht nur auf monetäre Größen abstellt und die das Wohl aller Bürger und nicht nur das Wohl der Unternehmen – aber auch nicht nur das Wohl der Arbeitnehmer – im Blick hat. Wir brauchen nicht weniger Ökonomie, sondern mehr – und eine bessere, eine Ökonomik nämlich, die auch die Voraussetzungen unseres Wohlstands wie Bildung, Kultur, Gesundheit und Erholung in ihr Kalkül einbezieht. Denn dass auch die Unternehmen ohne kollektiven Rechtsrahmen hinter ihren nachhaltigen Gewinnchancen zurückbleiben, hat zum Beispiel die Ostasienkrise gezeigt. Hier eine verlässliche Ordnung zu schaffen, daran arbeitet die Wirtschaft jetzt zusammen mit Staaten und Notenbanken in Basel. Dieses Beispiel zeigt, dass der Einfluss der Globalisierung auch die Politik verändert. In diesem Zusammenhang würde ich heute jedoch nicht mehr von Lobbyismus reden, sondern vielmehr von Corporate Citizenship: Unternehmen verhalten sich als „gute Staatsbürger", sie übernehmen Mitverantwortung für das Gemeinwesen, weil das ihnen selbst nützt – und der Allgemeinheit.

v. PIERER: Ich stimme nicht zu, dass Nationalstaaten viel Macht abgeben. Die Staaten nehmen ihre Einflussmöglichkeit vielmehr nicht wahr. Nicht umsonst reden wir über den Reformstau hier im Land. In Deutschland bewegen sich die Dinge inzwischen in zwei Geschwindigkeiten. Die Unternehmen passen sich schnell an den Wettbewerb an. Tun sie es nicht, verschwinden sie. Darum existieren 80 Prozent der Unternehmen nicht länger als 20 Jahre. Der Staat bewegt sich dagegen langsam und kommt seiner Aufgabe, die Rahmenbedingungen zu verändern, nicht zügig genug nach. Dafür ist Deutschland ein besonderes Beispiel.

LÜBBE-WOLFF: Es ist richtig, dass die Nationalstaaten nicht unbedingt auf allen Ebenen nur an Einfluss verlieren. Einen Teil der Handlungsmacht, die sie auf der nationalen Ebene nicht mehr haben, gewinnen sie auf der internationalen Ebene, in internationalen Einrichtungen, zurück. Wir können heute vieles nicht mehr in Deutschland, sondern nur noch auf der Ebene der EG entscheiden, aber da wird der deutsche Staat weiterhin Regulierungsprozesse beeinflussen. Die sind allerdings schwerfälliger als auf nationaler Ebene. Es gibt mehr Vetomacht. Manche Entscheidungen sind auf der Ebene der EG nur im Konsens aller beteiligten Staaten möglich. Außerhalb der EG, vor allem beim Abschluss internationaler Verträge, ist das generell so. Daraus resultiert ein Hauptproblem der Globalisierung: Der Markt ist bereits heute global, die Regulierungsmächte dagegen sind bislang national oder bestenfalls supranational. Der Markt dehnt

sich aus, doch die entsprechende Regulierungsmacht, die normalerweise die Rahmenbedingungen
schafft, die sicherstellen, dass sich die Marktkräfte
wohlfahrtsdienlich auswirken, wächst nicht mit.
Die Versorgung mit so genannten öffentlichen Gütern ist deshalb nicht ausreichend gewährleistet.
Dazu zählt der Umweltschutz, aber auch vieles andere, das bei uneingeschränkter Wirksamkeit von
Marktkräften leicht unter die Räder kommt, für die
Menschen und die Gesellschaft als Ganzes aber
wichtig ist – die gesellschaftlichen Rahmenbedingungen für intakte Familienstrukturen beispielsweise oder kulturelle Voraussetzungen der
Bildungswilligkeit und Bildungsfähigkeit. Da produziert der Markt Probleme, die er alleine nicht be-
hebt, sodass man zum Gegensteuern kollektiv
organisierte Maßnahmen braucht. Aber die Möglichkeiten der Gegensteuerung entwickeln sich
schon auf nationaler Ebene nicht so dynamisch wie
die Märkte. Hinzu kommt, dass viele traditionelle
Gesellschaften vom Globalisierungsprozess in einer Weise überrollt werden, die ihre Anpassungsfähigkeit und Anpassungswilligkeit überfordert.
Ihnen wird abverlangt, die eigene Kultur zu ändern
– sei es das traditionelle Verhältnis zwischen Män-
nern und Frauen oder sonstige Sitten, die noch an
älteren Lebens- und Produktionsformen orientiert
sind –, und das in einem unzumutbaren Tempo.
Oft wird die Entwicklung, vor allem seitens der
Weltbank und des Internationalen Währungsfonds,
mit einer Geschwindigkeit und Kompromisslosig-
keit vorangetrieben, die diese Gesellschaften nicht
nur überfordert, sondern auch Demütigungen und

Unterlegenheitsgefühle produziert, die uns politisch noch zu schaffen machen werden.

Wie moralisch ist es da, dass die Industrienationen den Globalisierungsprozess mitunter sehr eigennützig gestalten? Ich denke etwa an den Abbau von Zollschranken. Während die Entwicklungsländer sukzessive ihre Märkte für Industriegüter aus dem Norden geöffnet haben, setzen die Industrieländer die Vereinbarungen nur zögerlich oder teilweise um oder haben den Handel sogar noch erschwert, etwa für Agrarprodukte aus der Dritten Welt.

v. PIERER: Ich sehe es als äußerst bedrohlich an, dass bei der Globalisierung unterschiedliche Maßstäbe angelegt werden. Wir müssen endlich dem Hauptanliegen der Entwicklungsländer Rechnung tragen, nämlich dass sie Produkte, die sie herstellen können, auch exportieren dürfen. Das sind zum einen Textilien, aber es sind vor allem Agrarprodukte. Wenn wir es nicht schaffen, unsere Agrarsubventionen allmählich zurückzuführen – mit einem Schlag wird das auch in Europa nicht gehen – und unsere Märkte zu öffnen, dann wird die Globalisierung in eine ernste Krise geraten. Es ist der einzige Weg für die Entwicklungsländer, sich einen gewissen Wohlstand zu schaffen. Der Welthandel wird nicht funktionieren, wenn wir nicht auf dem Agrargebiet wesentliche Fortschritte machen. Die anderen werden sagen, warum sollten wir eure Produkte importieren, wenn ihr den Export der unseren nicht zulasst. Es ist unerträglich, was sich da abspielt.

Dabei wird dem Welthandel auch eine große morali-
sche Bedeutung zugesprochen. In Bezug auf die Wah-
rung der Menschenrechte in der Dritten Welt ist häufig
von möglichem Wandel durch Handel die Rede.

HOMANN: Wandel durch Handel, wirtschaftliche
Entwicklung, ist tatsächlich entscheidend für die
Etablierung von Menschenrechten. Dabei darf man
den Standard, den wir inzwischen erreicht haben,
nicht abstrakt auf völlig andere gesellschaftliche
und auch wirtschaftliche Entwicklungsstadien
übertragen. Wir haben in Europa über 500 Jahre
gebraucht, um die Menschenrechte nachhaltig
durchsetzen zu können, das heißt mit institutionel-
ler Unterstützung und Sanktionsandrohung. Sie
mussten sich als produktiv erweisen, entsprechend
unserem Stand der wirtschaftlichen Entwicklung.
Und genau das beobachten wir zum Beispiel gerade
in China, nur dass die dortige Entwicklung viel
schneller geht. Ein chinesischer Gesprächspartner
sagte es einmal so: „Die Menschenrechte kommen
in China. Aber wir sind vom Entwicklungsstand
her noch nicht so weit, zu erfahren, wie produktiv
Menschenrechte, die Garantie elementarer Grundrechte für jeden Einzelnen, für die Wirtschaft dann
plötzlich sind. Wenn wir so weit sind, dann machen
wir das auch." Das Einzige, was ich als Wirtschafts-
ethiker verlangen muss, ist, dass die Länder bei der
Entwicklung den Kurs halten. Dann muss ich gu-
cken, was kann ich heute implementieren, was geht
erst morgen. Und der Kurs scheint mir in China
eindeutig zu sein.

v. Pierer: Und diese positive Entwicklung geht zweifelsfrei mit dem wirtschaftlichen Aufschwung einher. Ich denke, ich bin einer der wenigen, die mit dem ehemaligen chinesischen Ministerpräsidenten Li Peng, der nicht gerade als der oberste Verfechter von Menschenrechten gilt, tatsächlich über Menschenrechte diskutieren konnten. Ein Gespräch, das ich vor einigen Jahren mit ihm führte, kann Beispiele zu den Ausführungen von Herrn Homann liefern. Es gehe ihm um zwei Dinge in China, so sagte Li Peng damals: dass die Menschen genug zu essen haben. Das war in der chinesischen Vergangenheit nicht immer so. Und dass Frieden herrscht. Auch das ist nicht selbstverständlich, wenn man die Geschichte Chinas betrachtet. Das sah er damals als die Hauptprioritäten im Land. Seit dieser Diskussion haben sich die Dinge dramatisch verbessert. In unseren Betrieben tragen wir dazu bei. Es sind Inseln im Land, auf denen wir erste Ansätze einer betrieblichen Mitbestimmung verwirklichen. Da gibt es auch Arbeitnehmervertretungen. Und wir bezahlen die Leute dreimal so gut wie Staatsbetriebe. Schlagzeilen macht das aber nicht. Gleiches gilt übrigens bei der Berichterstattung über die Arbeit der Bundesregierung. Die hat etwa in China einen rechtsstaatlichen Dialog gestartet und versucht, bei der Entwicklung von Gesetzen zu helfen. Das dauert, das muss wachsen, wird am Ende aber viel erfolgreicher sein als spektakuläre Aktionen.

*Unternehmen müssen profitbringend wachsen, um
Kapital anzulocken, das ihre Investitionen finanziert.
Die Gewinne müssen eine akzeptable Rendite des ein-
gesetzten Kapitals sichern. Um langfristig zu wachsen,
brauchen Unternehmen neue Märkte. Wie wollen sie
angesichts der Logik des Wachstumszwanges der Ver-
suchung widerstehen, den Globalisierungsprozess zu
schnell voranzutreiben?*

Lübbe-Wolff: China ist vor allem auch ein Beispiel
   dafür, dass es gut ist, wenn die Nationalstaaten
   selbst darüber entscheiden, ob und wie sie sich dem
   Prozess der Globalisierung öffnen. Ehemals kom-
   munistische Länder, die sich langsamer öffnen, stehen heute besser da als die, die sich – wie etwa
   Russland – darauf eingelassen haben, den Wandel
   in dem Gewaltmarsch durchzuziehen, der von der
   Weltbank propagiert wird. Das Verhalten der Weltbank und des Internationalen Währungsfonds liegt
   natürlich nicht in unmittelbarer Verantwortung der
   Wirtschaft. Aber die Wirtschaft hat doch Einfluss-
   möglichkeiten, die sie in dem einen oder dem anderen Sinne nutzen kann.

v. Pierer: Die Wirtschaft kann das nur sehr begrenzt beeinflussen. Aber ich sehe es ähnlich wie
   Sie. Was in Russland nach der Wende und dem Zusammenbruch der Sowjetunion geschehen ist, war
   ein Musterbeispiel dafür, wie man es nicht machen
   soll. Das Experiment, in einem Land, das lange za-
   ristisch und dann kommunistisch geprägt war, in
   dem die Voraussetzungen für die Marktwirtschaft
   überhaupt nicht gegeben waren, diese mit einem

Schlag einzuführen, ist fehlgeschlagen. Man sollte inzwischen gelernt haben, dass es keine in der westlichen Welt entwickelten Patentrezepte gibt, die man eins zu eins auf den ganzen Erdball übertragen kann. Das ist ausgeschlossen.

Grundvoraussetzungen für eine gelungene privatwirtschaftliche Entwicklung sind unter anderem das Recht auf Eigentum, Rechtssicherheit für Unternehmer und Konsumenten, eine funktionierende öffentliche Verwaltung und ein funktionierendes Bankensystem. In Ländern ohne diese Ausgangslage führte eine schnelle Öffnung, Sie haben es bereits erwähnt, zu negativen Entwicklungen und zur Verarmung der Bevölkerung. Wie können die Industrieländer bei der Steuerung der Globalisierung ihrer Verantwortung nachkommen, für diese Voraussetzungen zu sorgen?

HOMANN: Da kann man von Unternehmensseite eine Menge machen, vor allem, wenn es um die Mikrofundierung geht. Dazu ein Beispiel. Die Grameen Bank treibt in der Dritten Welt sowohl Fragen der Gleichberechtigung als auch den Aufbau eines Bankensystems voran. Kredite werden nur an Frauen vergeben, Mitglied der Bank kann nur eine Frau werden, die von ihrer Freundin empfohlen wird. Und die wird natürlich informell darauf achten, dass sie Kredite ordentlich zurückzahlt. Ein bahnbrechender Erfolg. Die Eigentumsrechte funktionieren, und auch das Kontrollsystem läuft informell mit. Auf der Grundlage dieser Mikrofundierung kann sich ein Bankensystem ent-

wickeln. Sie außer Acht zu lassen kann hingegen
fatale Folgen haben. Das ist in Russland passiert.
Man hat von oben eine Wirtschaftsordnung über-
gestülpt, und darunter brach dann das Chaos aus.

LÜBBE-WOLFF: Das Aufpropfen von Institutionen
von außen ist ein grundsätzliches Problem. Wir
können keinem Land eine funktionierende demokratische Verwaltung schenken. Dazu gehört auch
eine öffentliche Moral, die sich nicht einfach ver-
schreiben lässt. In vielen Ländern gibt es keinen
leistungsfähigen Staat, sondern nur korrupte Eliten
und kein Gefühl dafür, dass irgendein Kollektiv außer der Familie oder dem Clan in der Lage sein
könnte, wirksam die Interessen der Bürger wahr-
zunehmen. Es gibt eine schöne Geschichte von
Michail Sostschenko, die in der Frühzeit der Sowjetunion spielt: Ein alter Mann fährt in der Straßenbahn und sieht da plötzlich als Schaffner seinen
Neffen vor sich, nach dem er schon lange gesucht
hat. Große Wiedersehensfreude. Die dauert aber
nur so lange an, bis der Neffe ihn etwas verlegen
darauf hinweist, dass er eine Fahrkarte lösen muss.
Der Onkel begreift erst gar nicht, was der Neffe
von ihm will, und als er es verstanden hat, fällt er
aus allen Wolken. Ja, wo gibt es denn so was, dass
ein Neffe von seinem leiblichen Onkel verlangt,
ihm eine Fahrkarte abzukaufen? Ehe er so einen
Sittenverstoß durch Zahlung belohnt, steigt der
empörte Onkel lieber aus und geht zu Fuß weiter.
Auf das Problem, das diese Geschichte illustriert,
stößt man im Prinzip überall, aber in manchen
Ländern eben noch viel ausgeprägter als bei uns:

Der Familie, der Sippe, überhaupt den persönlichen Beziehungen im Nahbereich gelten starke Loyalitäten. Die Sorte von Moral, die sich nicht unmittelbar auf Personen, sondern auf die Erfordernisse abstrakterer Institutionen – des Staates oder eben auch nur der kommunalen Straßenbahn – bezieht, ist dagegen unterentwickelt. Das muss alles erst wachsen, und dafür braucht es Zeit und positive Erfahrungen. Radikale Umbrüche, in denen traditionelle Ordnungen ganz plötzlich zerfallen, sind dafür denkbar schlechte Voraussetzungen. Ich glaube, dass so etwas am ehesten entsteht, wenn es sich auch im Kleinen, von unten aufbauend entwickeln kann, in Institutionen, die die Menschen mit organisiert, geschaffen und deswegen auch verstanden haben.

HOMANN: Nein, wir können kein System überstülpen. Aber wir können Know-how transferieren. Wir können die richtigen Fragen stellen. Wir können auf moralische Punkte aufmerksam machen, darauf, wo Gelegenheiten zu Ausbeutung, zu Trittbrettfahrertum sind und wie man das lösen kann. Lösen müssen die Menschen es dann selbst und dabei auch neue Wege gehen. Das gilt übrigens genauso für Projekte zwischen der Ersten und der Dritten Welt. Ich halte den Vorschlag des Wirtschaftsethikers Josef Wieland in diesem Zusammenhang für einen Erfolg versprechenden Weg: Wenn Unternehmen verschiedener Kulturen eine Möglichkeit sehen, konkrete Projekte gemeinsam durchzuführen, sollten sie dies – durchaus unter Suspendierung kontroverser Wertfragen – in Angriff nehmen. Auf diese Weise werden Lernszenarien geschaffen, und aus den gemeinsamen Erfahrungen aus solchen Projekten werden sich dann schon von selbst Änderungen der Ausgangswerte ergeben, und zwar auf allen Seiten. Gemeinsame Werte als Voraussetzung von Zusammenarbeit zu betrachten schätzt die systematische Rolle der Werte falsch ein: Werte stehen nicht am Anfang, sondern bilden sich auf der Grundlage gemeinsamer Erfahrungen erst heraus. Daher muss man sich auf solche gemeinsamen Erfahrungen einlassen. Schließlich hat der Westen für die Entwicklung seiner Werte auch Jahrhunderte – und viele schreckliche Irrwege – gebraucht: Mit welchem Recht will man da anderen Kulturen solche Generationen übergreifenden Lernprozesse verweigern und ihnen bestimmte Werte dogmatisch aufoktroyieren?

v. Pierer: Ihr Banken-Beispiel, Herr Homann, ist zwar interessant, so kann man der Dritten Welt jedoch nur im Kleinen helfen. Wirklich voran kommen diese Länder nur, wenn sie eine vernünftige Infrastruktur aufbauen, das heißt Verkehrswesen, Energieversorgung, Telekommunikation, Gesundheitswesen. Daneben ist das Bildungssystem sehr wichtig. Das ist eine Aufgabe, die viele Länder vor unlösbare finanzielle Probleme stellt. In der Vergangenheit haben viele den Fehler gemacht, sich weit über das verträgliche Maß hinaus zu verschulden, um schneller voranzukommen. Da müssten eigentlich die Kreditgeber, denn es geht ja nicht ohne Kredite, schlicht und einfach das Geld nicht bereitstellen.

Allerdings haben sich die Dinge auch auf diesem Gebiet zum Besseren verändert.

Grundsätzlich sollten Wirtschaft und Politik stärker beim Infrastruktur-Aufbau zusammenarbeiten. Ich werbe seit einiger Zeit bei der Bundesregierung auch dafür, dass sie sich intensiver als bisher beim Aufbau der Bildungssysteme in der Dritten Welt engagiert. Das duale System in der Lehrlingsausbildung könnte etwa in einer öffentlich-privaten Partnerschaft zu einem Exportartikel werden. Daran hat auch die Wirtschaft ein eigenes Interesse, weil wir so vor Ort bessere Arbeitskräfte bekommen und die Menschen an deutsche Produkte gewöhnen.

HOMANN: Ein wichtiger Punkt. Wir müssen unsere Vorstellung aufgeben, dass Unternehmen ohne Gegenleistung Opfer für die Entwicklungsländer bringen könnten. Sie können lediglich investieren – im eigenen langfristigen Interesse und nicht aus Altruismus. Den Unternehmen einen Vorwurf daraus zu machen, dass sie ihren Standort auf der Basis ihres Gewinninteresses wählen, ist darum völlig ungerechtfertigt. Natürlich tun sie das aus Gewinninteresse.

Vor diesem Hintergrund sind heutige Investitionen in Länder der Dritten Welt weder ehrenrührig noch unmoralisch, sondern schlicht und einfach im Interesse des nachhaltigen Erfolges nötig. Heute werden die Weltmärkte aufgeteilt. Unternehmen, die heute nicht präsent sind, werden später ungleich viel mehr Ressourcen aufbringen müssen, um dort Fuß zu fassen. In diesen Ländern, wir haben es bereits erwähnt, fehlt es heute noch an vielen Dingen, die in Europa als selbstverständlich vorausgesetzt werden. Die Wirtschaft hat also ein eigenes langfristiges Interesse, beim Aufbau dieser öffentlichen Güter zu helfen, sei es durch eigene Initiativen oder durch Druck auf die nationalen Regierungen oder lokale Behörden. Bislang halten sich Unternehmen jedoch bei der Übernahme politischer Verantwortung – und darunter verstehe ich im weitesten Sinne die Gestaltung von sozialen Ordnungen in jenen Ländern, die verlässlich und stabil sind – noch zurück. Sie tun sehr viel lokal. Der ehemalige BASF-Vorstandsvorsitzende Jürgen Strube hat es jüngst wunderschön so beschrieben: „Wir kehren unseren eigenen Bürgersteig." Das ist auch wichtig, aber die Wirtschaft muss mehr tun. Die Möglichkeiten der Einflussnahme mit dem Ziel, die Welt zu einer Welt des Friedens zu machen und in eine stabile Ordnung zu bringen, wären größer. Da zögern die Unternehmen. Zu kritisieren ist aber auch meine eigene Zunft. In unseren Studiengängen bilden wir unsere Nachwuchsökonomen überhaupt nicht dafür aus, Fragen wie die, über die wir hier diskutieren, zu beantworten. Wirtschaftsethik spielt keine Rolle. Doch gerade das sind Qualifikationen, die man künftig braucht. Viele Manager sind auf diese Aufgaben nicht richtig vorbereitet. Manche bringen derartige Fähigkeiten von zu Hause mit, aber viele der jüngeren, 40- oder 45-jährigen Manager sind nicht mehr entsprechend sozialisiert. Wir müssen das theoretisch vermitteln. Daneben wären für eine langfristige Ausrichtung der Unternehmen auch strukturelle Änderungen nötig. Derzeit stimmen die Anreize natürlich nicht – wenn etwa Aufstiegschancen im Unternehmen von Quartalszahlen abhängen.

v. Pierer: Ich denke, Ihre Sorge, dass die jüngeren Leute da anders darüber denken, ist unberechtigt. Nach meiner Beobachtung ist der Wille, sich gesellschaftlich zu engagieren, auch in der jüngeren Generation sehr ausgeprägt. Und zu dem Vorwurf, die Wirtschaft würde zu wenig Verantwortung übernehmen, ist zu sagen, dass die Initiativen der Wirtschaft weit über das „Bürgersteigkehren" hinausgehen. Viele staatliche und private Stellen kommen zu uns und wollen Geld für Aufgaben sammeln, die eigentlich staatliche Aufgaben sind. Da geht es oft um Vorhaben, bei denen ich weder ein unmittelbares noch ein mittelbares wirtschaftliches Interesse für uns sehe. Viele Projekte finden allerdings unter Ausschluss der Öffentlichkeit statt und werden darum nicht wahrgenommen.

Sie alle haben in Ihren Beiträgen betont, dass die künftige Weltordnung von drei Spielern gestaltet werden wird: den Governments, den Konzernen und den Nichtregierungsorganisationen. Wo bleiben die Bürger bei dieser Entwicklung? Kritiker wie der ehemalige Geschäftsführer von Greenpeace Thilo Bode sprechen von einer Entdemokratisierung durch Globalisierung. Im nationalen Kontext haben die Bürger indirekt durch die repräsentative Demokratie oder direkt durch plebiszitäre Entscheidungswege die Möglichkeit, ihren Willen geltend zu machen und Kontrolle auszu-

*üben. Das gilt für internationale Institutionen nicht
mehr. Dort handeln Delegierte der jeweiligen Exekutive. Die nationalen Parlamente nicken die meist von
der Exekutive ausgehandelten Verträge nur noch ab.
Inwieweit ist die Forderung nach einem Weltparla-
ment gerechtfertigt?*

HOMANN: Wir schaffen das noch nicht einmal auf
europäischer Ebene. Ich glaube, da sind die Grenzen des Paradigmas. Die künftige Weltordnung
wird nicht unbedingt eine Erweiterung, eine Aus-
dehnung des nationalstaatlichen Demokratiemo-
dells sein. Das wird nicht funktionieren. Da ist sehr
viel theoretische Arbeit zu leisten. Bis der Nationalstaat funktionierte, dauerte es ein paar hundert
Jahre. Wir werden erneut hundert Jahre brauchen.
Das wird eine Ordnung sui generis sein. Sie wird
Formen haben, die man heute nicht kennt.

LÜBBE-WOLFF: Das sehe ich genauso. Ein Weltparla-
ment, das auf Weltebene die Rolle spielt, die die nationalen Parlamente gegenwärtig auf der nationalen
Ebene spielen, ist für mich eher ein Schreckge-
spenst. Die traditionellen Mechanismen der demokratischen Legitimation sind ja durch das Ausmaß
an Entscheidungsbedarf schon auf nationaler Ebene tendenziell überfordert. Diese Überforderung
verschärft sich in dem Maße, in dem sich die
Einheiten vergrößern, für die entschieden werden
muss. Auf der nationalen Ebene und erst recht im
Weltmaßstab wird es in Zukunft vermutlich unterschiedliche Formen der Dezentralisierung der Demokratie geben. Einige werden sich um bestimmte

Dinge kümmern. Sie haben dafür nicht unbedingt ein formelles Mandat von einer bestimmten Wählerschaft, sondern bewegen sich unter der Aufsicht einer interessierten Öffentlichkeit. Durch das Internet haben sich ja die Voraussetzungen dafür, dass eine öffentliche Meinung sich global organisieren und Druck ausüben kann, wesentlich verbessert. Vermutlich wird die Entwicklung bereichsweise auch in die Richtung gehen, die die Ökonomen unter dem Stichwort „fiskalische Äquivalenz" diskutieren: Entscheidungsträger und die Reichweite ihrer Kompetenzen werden je nach Aufgabentyp unterschiedlich zugeschnitten – immer so, dass eine demokratische Verantwortlichkeit genau gegenüber denen hergestellt wird, die die Folgen der getroffenen Entscheidungen zu tragen haben. Die Juristen haben das ganz ähnliche Modell der „funktionalen Selbstverwaltung": Für bestimmte Aufgaben gibt es besondere institutionelle Entscheidungsträger mit einer eigenen demokratischen Struktur, die versucht, diejenigen zusammenzubinden, die für die Aufgabe besonders sachkundig und von ihrer Erfüllung besonders betroffen sind.

v. PIERER: Was Sie beschrieben haben, gibt es natürlich schon in Ansätzen. Dazu zähle ich Institutionen wie die Weltbank, den Internationalen Währungsfonds, die Weltgesundheitsorganisation oder auch das Umweltprogramm der Vereinten Nationen (UNEP). Solche internationalen Organisationen werden wachsen und hoffentlich an Einfluss gewinnen. Dass die Globalisierung in die Bildung eines Weltparlaments münden könnte, ist für mich eher eine Schreckensvision, weil das zum völligen Stillstand führen würde.

Die NGOs werden sehr oft als Repräsentanten der Bürger dargestellt. Parallel zu der Kritik, der Staat habe Souveränität an den Wirtschaftssektor abgegeben, befürchten Skeptiker, dass der Bürger nicht mehr über die Abgabe seiner Wahlstimme Macht ausübt, sondern vor allem über seine Funktion als Konsument. Konsumentenboykotte sind seitens der Wirtschaft gefürchtet und können heute mitunter mehr bewirken als politische Demonstrationen. Ein begrüßenswerter Trend?

LÜBBE-WOLFF: Am Markt bestimmt jeder selbst, was er anbietet und was er nachfragt. Insofern sehe ich es als völlig konsequent an, dass der Konsument mit seinen Kaufentscheidungen genauso wie Präferenzen für Billiges oder Schickes auch moralische Präferenzen zum Ausdruck bringen kann. Die NGOs sind im strengen Sinne natürlich keine Repräsentanten der Bürger. Sie vertreten höchstens ihre eigenen Mitglieder und treffen ansonsten keine Entscheidungen im Namen der Bürger, sondern beobachten, informieren und erzeugen Aufmerksamkeit für Dinge, die sie als Missstände ansehen. Ob die Konsumenten das dann auch so sehen und ihr Konsumverhalten daran ausrichten, entscheiden diese selbst. Der Konsumentenboykott ist deshalb ein zwar grobschlächtiges, aber sehr demokratisches und marktkonformes Instrument, und es ist gut, dass dieses Instrument

existiert. Es wirkt auch da, wo es gar nicht ange-
wendet wird. Wenn es die Gefahr nicht gäbe, dass
moralwidriges Verhalten der Unternehmen von
den NGOs an die große Glocke gehängt wird und
die Ablehnung der Verbraucher sich dann in den
Gewinnzahlen niederschlägt, wären wir mit der
Entwicklung ethischer Standards in den Unternehmen nicht da, wo wir sind. ■

Die Autoren

Heinrich v. Pierer

Geb. 1941. Studium der Rechtswissenschaft und Promotion zum Dr. jur. sowie Studium der Volkswirtschaft mit Abschluss als Dipl.-Volkswirt. 1965 Wissenschaftlicher Mitarbeiter, später Wissenschaftlicher Assistent an der Juristischen Fakultät der Universität Erlangen-Nürnberg. 1969 Eintritt in die Siemens AG, Zentralbereich Finanzen, Rechtsabteilung. 1977–87 verschiedene kaufmännische Aufgaben bei der Kraftwerk Union AG im Vertrieb sowie im Werk Mülheim und in den Zentralabteilungen. 1988 Kaufmännische Leitung des Unternehmensbereichs KWU. 1989 Mitglied des Vorstands der Siemens AG, Vorsitzender des Bereichsvorstands Energieerzeugung (KWU). 1990 Mitglied des Zentralvorstands der Siemens AG. 1991 Stellvertretender Vorsitzender des Vorstands der Siemens AG. Seit 1992 Vorsitzender des Vorstands der Siemens AG. Leiter der Zentralabteilung Unternehmensplanung und -entwicklung, Betreuung der Zentralstelle Unternehmenskommunikation, der Zentralstelle Wirtschaftspolitik und Außenbeziehungen sowie der Siemens Unternehmensberatung.

Karl Homann

Geb. 1943. 1963–72 Studium der Philosophie, Germanistik und Katholischen Theologie in Münster und Promotion zum Dr. phil. 1971–79 Studium der Volkswirtschaftslehre in Münster und Promotion zum Dr. rer. pol. 1985 Habilitation in Philosophie an der Universität Göttingen. 1971–75 Wissenschaftlicher Assistent an der Pädagogischen Hochschule Ruhr, Abteilung Dortmund. 1977–85 Wissenschaftlicher Assistent im Institut für Genossenschaftswesen an der Universität Münster. 1986–90 o. Professor für Volkswirtschaftslehre und Philosophie an der Wirtschaftswissenschaftlichen Fakultät der Universität Witten/Herdecke. 1990–99 o. Professor für Wirtschafts- und Unternehmensethik an der Wirtschaftswissenschaftlichen Fakultät Ingolstadt der Katholischen Universität Eichstätt. Seit 1999 o. Professor für Philosophie und Ökonomik am Philosophie-Department der Ludwig-Maximilians-Universität München. *Schwerpunkte:* Praktische Philosophie/Ethik, Theorie der modernen Gesellschaft, Ökonomische Institutionentheorie, Methodologie. *Veröffentlichungen u. a.:* Rationalität und Demokratie, Tübingen 1988. – Wirtschafts- und Unternehmensethik, Göttingen 1992 (mit F. Blome-Drees). – Ökonomik: Eine Einführung, Tübingen 2000 (mit A. Suchanek). – Vorteile und Anreize. Zur Grundlegung einer Ethik der Zukunft, Tübingen 2002 (hrsg. v. C. Lütge).

GERTRUDE LÜBBE-WOLFF

Geb. 1953. 1969–77 Studium der Rechtswissenschaft in Bielefeld, Freiburg und an der Harvard Law School (LLM) und Referendarsausbildung. 1980 Promotion. 1979–87 Wissenschaftliche Assistentin/Hochschulassistentin an der Universität Bielefeld. 1987 Habilitation. 1988–92 Leiterin des Umweltamtes der Stadt Bielefeld. Seit 1992 Professorin für Öffentliches Recht an der Fakultät für Rechtswissenschaft der Universität Bielefeld. 1996 bis März 2002 Geschäftsführende Direktorin des Zentrums für interdisziplinäre Forschung (ZiF) der Universität Bielefeld. 2000 Leibniz-Preis der DFG. 2000 bis März 2002 Vorsitzende des Rates von Sachverständigen für Umweltfragen. Seit April 2002 Richterin des Bundesverfassungsgerichts (Zweiter Senat). *Schwerpunkte:* Verfassungsrecht, Verwaltungsrecht mit Schwerpunkt Umweltrecht, Verfassungsgeschichte, Rechtsphilosophie. *Veröffentlichungen u. a.:* Rechtsfolgen und Realfolgen, Freiburg/München 1981. – Die Grundrechte als Eingriffsabwehrrechte, Baden-Baden 1988. – Modernisierung des Umweltordnungsrechts, Bonn 1996. – Recht und Moral im Umweltschutz, Baden-Baden 1999. – Effizientes Umweltordnungsrecht. Kriterien und Grenzen (Hg., mit E. Gawel), Baden-Baden 1999. – Symbolische Umweltpolitik (Hg., mit B. Hansjürgens), Frankfurt a. M. 2000.

Kerstin Friemel

Die Diplomvolkswirtin hat in Köln und Paris studiert und lebt seit vier Jahren in New York. Sie schreibt als freie Wirtschaftsjournalistin unter anderem für brand eins, die Financial Times Deutschland, das Magazin der Frankfurter Rundschau und das österreichische Nachrichtenmagazin Profil.

art matters

▶ **Iceland Project, 1992:** Neben der Bildhauerei ist die fotografische Dokumentation künstlerischer Eingriffe in Natur und Architektur ein zentraler Bestandteil des künstlerischen Werkes von Magdalena Jetelová. Mit dem „Iceland Project" macht Jetelová die Grenze zwischen Ost und West sichtbar. Ausgangspunkt der Arbeit ist der Mittelatlantische Rücken, der Berührungspunkt der Kontinentalplatten Europas und Amerikas. Nur in Island tritt diese geologische Struktur sichtbar an die Oberfläche. Jetelová zeichnet die „ideale Trennungslinie" mit einem Laser nach und schafft damit irreale Bilder, in denen die glühende Linie des Laserstrahls in direkten Kontrast tritt zu den kargen, düsteren Landschaften Islands.

▶ **Magdalena Jetelová,** geb. 1946, ist international bekannt als Bildhauerin monumentaler Holzskulpturen, die bereits in zahlreichen internationalen Ausstellungen in Galerien und Museen zu sehen waren. Ebenso bedeutend ist ihr photographisches Werk mit dem Einsatz von Lasertechnik. Nach ihrem Studium in Prag und Mailand emigrierte sie 1985 nach Deutschland. Der Ausgangspunkt ihrer künstlerischen Karriere war eine Ausstellung in der Walter Storms Galerie in München im Jahr 1983. Seit 1990 ist sie an der Staatlichen Kunstakademie in Düsseldorf als Professorin tätig.

▶ Mit freundlicher Genehmigung
von art matters, München.